위기관리총서 시리즈

05

가정폭력·성폭력의 이해와 개입

현장에서의 위기개입워크북

육성필
임영진
이지원

일러두기

본 위기개입워크북과 매뉴얼에 제시되는 사례는 효과적인 교육과 훈련을 위해 집필진이 구성한 가상 사례이다. 현장에서의 실제 위기개입의 예를 보여주는 위기개입동영상은 출연진으로부터 저작과 영상물 이용에 대한 동의를 받아 제작하였다.

서 문

　나는 병원에서 수련받은 임상심리학자로서 정신건강서비스 제공자의 역할을 시작했지만 자살을 포함한 다양한 유형의 위기를 접하게 되면서 위기관리에 관심을 갖고 위기와 관련된 다양한 교육, 연구, 프로그램 및 정책개발 등의 노력을 하게 되었다. 그동안 개별적으로 위기에 대한 학문적 관심에 따라 위기에 대한 연구를 하는 경우가 있었지만 개인의 관심에 따라 단편적 일회적인 경우가 많았다. 이로 인해 위기관리를 체계적이고 종합적으로 접근하는 데는 많은 한계가 있었다. 위기의 심각성과 위기관리의 필요성을 절감하고 이러한 한계를 극복하기 위해 대학교에 전공으로 위기관리를 개설하였다. 위기관리전문가를 양성하고 있는 곳은 우리 학교가 세계최초이다. 위기관리전공 교수로서 많은 연구를 하고 전문가양성을 하면서 얻은 교훈 중의 하나는 개인이든 집단이든 평상시 자신의 역량이나 대처범위를 넘어서는 어려움에 노출되면 위기에 처하게 된다는 것이다. 대부분의 사람들은 자신이나 자기 주변에는 위기가 없을 것이라 믿는다. 하지만 위기는 우리들의 의지나 선택 밖의 일이다. 위기관리를 전공하는 나에게는 매일매일이 위기사건으로 넘쳐난다. 이런 나에게 어느 날 일면식도 없는 소방관이 "자살하려는 사람을 포함해서 위기사건이 발생하면 출동하게 되는데 어느 날인가부터 '단순히 현장에 출동해서 구급차에 위기에 처한 사람을 싣고 병원에 데려다 주는 것이 자신이 해야 되는 역할의 다인가? 아니면 위기출동현장에서 자신이 더 해야 되는 일이 있는 것은 아닌가?'"라고 물어왔다. 특히, 현장에 가장 먼저 출동하게 되는 자신이 위기에 처한 사람에게 현장에서 혹은 이송과정에서 무엇을 어떻게 해야 되는지에 대한 지침이 있다면 많은 도움이 될 것 같다는 하소연을 했다. 이 말을 들은 것이 이번에 출판하는 위기관리총서인 "현장에서의 위기개입매뉴얼과 워크북"을 만들겠다는 생각을 하게 한 계기였다. 이전에는 위기개입을 해야 하는 현장의 위기개입자들이 당연히 자신의 역할을 수행하고 있다는 생각만 했지 위기에 처한 사람을 위한 보다 낫고 훨씬 전문적인 서비스를 제공하려는 욕구가 있다는 것을 알지 못했던 것이다. 또한 이들을 위한 전문적 지지나 훈련이 있어야 한다는 생각을 하지 않았다.

위기개입자 혹은 정신건강서비스제공자는 도움이 필요한 곳에 가장 먼저 출동하여 적절한 서비스를 제공해야 한다. 위기개입자는 현장에서 위기에 처한 사람들의 욕구와 문제의 심각성을 가장 빠르고 정확하게 파악하여 위기에 처한 사람들의 안전과 행복을 최우선으로 확보해야 한다. 실제 위기개입자들이 위기현장에 출동하거나 도움을 요청받았을 때 무엇을 어떻게 해야 하는지 판단이 되지 않아 당황하는 경우가 종종 있다. 또한, 실제 경력이 많고 현장의 베테랑이어서 별 어려움 없이 위기현장에 대한 통제권을 확보하고 위기개입활동을 하고는 있지만 자신들의 위기개입활동이 제대로 된 것인지, 전문적인 것인지에 대한 확신이 없어 힘들어하기도 한다. 하지만 위기현장에서 활동하는 위기개입자가 자신들이 제공하는 서비스에 대한 자신이 없어 하거나 불안해 하면 위기에 처한 사람에게 미치는 부정적인 영향을 엄청나게 크고 생명을 잃게 할 수도 있다. 그러므로 위기개입자들에게는 위기현장에 출동하여 위기에 처한 사람들의 욕구를 빠르게 확인하고 당장의 위기를 해소시킬 수 있는 능력이 요구된다. 이처럼 힘들고 급박한 위기개입현장의 특성을 고려하여 경찰관이나 소방관들에게 정신건강과 도움을 청한 사람들과의 관계형성이나 대화 등에 대한 교육과 훈련을 시킨 후 업무수행을 평가했더니 위기개입을 하는 당사자들의 업무수행에 대한 자신감과 유능감이 증가한 것은 물론 위기개입서비스를 받은 시민, 특히 위기에 처한 사람들의 회복이나 안정감이 훨씬 좋아졌다는 선행연구들이 많다. 이러한 현실과 연구결과를 고려하여 이제는 위기개입자가 현장에서의 위기개입을 보다 전문적이고 체계적으로 할 수 있도록 관심을 갖고 도와주는 것이 필요하다. 지금도 위기현장에서 위기개입서비스를 하고 있는 위기개입자들이 위기개입에 대한 자신감과 자긍심을 갖도록 하는 노력이 요구된다.

저자가 많은 문헌연구, 외국 및 국내의 현장방문, 현장의 실무자와의 만남을 계속하면서 위기현장에 출동한 인력이 가장 초기에 적절한 서비스를 위기에 처한 사람이나 조직에 제공한다면 위기가 더 이상 악화되지 않고 위기가 해소되는 것은 물론 위기를 경험한 사람들이 건강한 일상생활을 영위할 수 있도록 도와줄 수 있을 것이라는 확신을 하게 되었다. 이러한 확신을 바탕으로 현장의 위기개입자들의 위기개입에 대한 전문성과 현장에서의 대응능력을 높이는 데 도움이 될 수 있는 "현장에서의 위기개입매뉴얼과 워크북"을 만들었다.

저자와 동료들이 "현장에서의 위기개입매뉴얼과 워크북"을 만들기 위한 집필위원회를 만들고 작업을 시작했지만 위기의 유형과 현장이 너무 다양하고 각각의 상황에서 필요한 위기개입서비스의 내용과 종류도 많아서 주제를 설정하고 포함되어야 하는 내용을 결정하는 작업자체도 집필진에게는 위기였다. 그중에서도 위기관리의 업무영역과 업무의 한계를 정하는 것이 가장 힘든 일이었다. 일반적으로 정신건강서비스제공 관련전문가들은 위기에 처한 사람들에게 치료나 상담을 제공하는 것을 주요 역할이라고 생각한다. 하지만 실제 위기관리에서는 관리라는 말자체가 의미하듯이 위기에 처한 사람의 위험성과 상태를 빨리 평가하고 확인하여 위기에 처한 사람들에게 가장 필요한 서비스가 제공되도록 도와주는 역할이 가장 중요하다. 다시 말하면 위기관리는 위기개입시 위기에 처한 사람이나 조직의 욕구와 위험성을 가장 먼저 평가하여 위기에 처한 사람들의 물리적 안전을 확보하는 것을 가장 최우선으로 한다. 이러한 위기관리에 의해 일단 위기상황이 안정화된 후 보다 추가적이고 전문적인 서비스가 필요하다면 그때서야 일반적으로 말하는 치료나 상담이 이루어지게 된다. 따라서 위기현장에서 위기개입자에게는 전문적인 상담자의 역할이 아닌 심리적 응급처치자(psychological first aid)로서의 역할이 요구된다. 이와 같은 일반적인 심리서비스와 위기관리의 위기개입서비스의 차이를 반영하여 "현장에서의 위기개입매뉴얼과 워크북"에서는 위기개입자의 의뢰에 의해 전문가에 의한 본격적인 서비스가 제공되기 전까지의 활동을 위기개입자의 역할로 한정하였다. 물론 위기개입자가 전문적인 심리 상담이나 치료까지 할 수 있으면 더욱 이상적일 수 있다. 다시 강조하지만 위기개입현장에서는 본격적인 상담이나 치료를 시작하지 말고 위기에 처한 사람의 현재 상태를 즉각적이고 정확하게 평가하고 필요한 서비스를 확인하는 작업이 우선되어야 한다.

"현장에서의 위기개입매뉴얼과 워크북"은 3번의 워크숍에서 얻은 참가자와 진행자들의 경험과 충고를 충분히 반영하고 집필위원회의 의견을 종합하여 수정 보완한 내용들로 구성하였다. 수차례의 회의와 고민을 통해 최종적으로 "현장에서의 위기개입매뉴얼과 워크북"은 윤리와 가이드라인, 스트레스, 위기, 자살, 범죄피해, 성폭력과 가정폭력, 재난, 애도, 심리소진 등의 영역으로 구분하였다. 주제와 영역을 나누는 과정에서 가정폭력과 성폭력도 범죄에 해당되어 초기에는 범죄 영역에서 다루려 했지만 가정폭력과 성폭력은 실제 임상장면에서 자주 접하고 점점 증가하고 있어 독립하여 구성하였다. "현장에서의 위기개입매뉴얼과 워크북"은 일반시민들을 위한 책이 아니고 위기현장에서 구호활동이나 위기개입 서비스를 제공하는 경찰관, 소방관, 정신건강관련업무종사자(심리, 사회복지, 간호, 의학, 법률 및 행정 등의 정신건강관련 업무를 수행하는 분)들이 현장에서 직면에게 되는 위기의 내용과 특성에 가장 적합한 면담, 평가, 개입과 의뢰를 가장 효율적으로 수행할 수 있도록 교육하고 훈련시키는 내용으로 구성되어 있다. 이러한 의도를 반영하여 구성한 매뉴얼과 워크북을 적절히 사용하여 교육과 훈련을 받는다면 위기개입자로서 다양한 사건과 현장을 접했을 때 위기에 처한 사람에게 가장 적절하고 효과적인 서비스를 제공했으면 한다. 동시에 이를 통해 위기개입자의 전문성과 능력에 대한 자신감을 갖고 위기개입자들의 정신건강증진에도 도움이 되었으면 한다. 추가로 매뉴얼과 워크북에 제시되는 모든 사례는 교육과 훈련을 위해 구성되었다.

　　이번의 "현장에서의 위기개입매뉴얼과 워크북" 출판은 우리나라에서는 처음으로 기획하고 추진한 방대한 작업이어서 많은 부담을 느끼고 더 세밀하고 꼼꼼하게 정성을 기울여 자료수집단계부터 교정과 수정과정을 진행하였다. 나름대로 최선을 다하고 도움이 될 수 있도록 노력했지만 부족한 부분도 있을 것이고 오류가 있을 수도 있을 것이다. 이와 관련된 것은 전적으로 책임저자인 나의 몫이다. 사람과 함께 하는 일을 한지 벌써 30년 이상의 시간이 흘렀고 시간이 흐르는 동안 학부생으로서의 나와 지금의 나와는 엄청나게 많이 달라졌다. 하지만 점점 강해져가고 분명해지는 것은 나와 함께 같은 곳을 보고 있는 사람들이 있고 함께 하는 이들의 수고와 노력이 나에게는 가장 큰 자산이고 자원이라는 것이다. 매일매일이 모여서 우리의 삶을 이루지만 우리는 많은 사람들의 도움과 지지를 받고 힘을 얻어 우리는 또 다른 하루를 시작한다. 하지만 우리는 하루를 살아내는 우리와 주변 사람들의 수고와 지지가 있음을 잊고 산다. 힘들고 어려운 일은 어느 날 불현 듯 우리에게 다가온다. 그래서 우리에게는 오늘의 삶, 지금의 삶이 소중하다. 이러한 생각에 기초해서 나는 오늘의 내가 있도록 함께 해준 많은 사람들에 대한 고마움을 지금 전달한다.

　　"현장에서의 위기개입매뉴얼과 워크북"을 출판하는 과정에서 치열한 고민과 토론을 하면서 같이 고민해 준 워크숍 참가자, 현장의 실무자, 졸업생, 학생들이 있었다. 만약 이들의 헌신과 희생이 없었다면 "현장에서의 위기개입매뉴얼과 워크북"을 출판하는 것은 불가능했을 것이다. 힘들고 어려운 작업임에도 불구하고 위기에 처한 사람들은 물론 위기개입자들에게 조금이라고 도움이 되었으면 하는 마음에 의기투합하고 함께 한 많은 분들에게 진심으로 감사하고 고마움을 전한다.

　　아직은 사회적으로 큰 전공이 아니어도 위기관리에 관심을 갖고 위기에 처한 사람들을 위해 연구와 실천을 하고 있는 위기관리전공생 여러분들이 있어 행복하고 또 다른 도전을 시작할 수 있는 용기를 주어서 고맙다. 그리고 위기관리에 관심을 갖고 계신 많은 분들께도 고마움을 전달하고 많은 교육, 훈련과 강의 현장에서 나와 만났던 수많은 분들께도 감사드린다.

　　현장에서의 위기개입매뉴얼 8권, 워크북 8권 총 16권의 위기개입총서의 출판을 기꺼이 허락해주고 지원해주신 박영사의 안종만 대표께 감사드린다. 특히 출판을 전체적으로 조율하고 계속 소통하며 보다 좋은 책이 될 수 있도록 도와주신 노현 이사님과 초고, 재고, 삼고의 어려운 작업과 까다로운 집필진의 요구를 최대로 반영해주시고 바쁜 와중에도 꼼꼼하게 검토해주시고 확인해주신 강민정 선생님께는 더욱 더 깊은 감사의 마음을 전한다. 다시 한번 지금도 위기관리에 관심을 갖고 사람에 대한 진실한 사랑과 믿음으로 묵묵히 연구하고 현장에서 헌신하고 있는 졸업생들과 재학생들이 있어 우리는 외롭지 않을 것이고 우리들이 있어 세상은 더 행복해질 것이라 믿는다.

　　특별히 지금도 아무도 가지 않은 외롭고 낯선 길을 용기 있게 개척할 수 있도록 전적으로 믿어주고 함께 하며 나를 최고로 알고 지원해준 나의 가족인 이혜선 박사와 두 아들에게는 사랑의 마음과 진심으로 미안하고 고마운 마음을 전한다.

2019년 2월
책임저자 육성필

차 례

위기관리총서 시리즈 5

현장에서의 위기개입워크북

가정폭력·성폭력의 이해와 개입

폭력의 이해

　폭력은 물리적, 심리적 행위를 수반하는 다양한 형태를 띠며 일상적이고 사소한 다툼에서 범죄에 이르기까지 심각성에서도 차이가 나는 목적이 발생한다. 지금 우리 사회는 많은 곳에서 특정 대상이라고 할 수 없는 많은 사람들이 폭력에 노출되고 있다. WHO에 의하면, 2012년 기준 48만여 명이 폭력에 의해 살해되며, 어린이 4명 중 1명이 물리적 학대를, 여성 3명 중 1명이 파트너로부터 물리적·성적 폭력으로 고통 받고 있다(WHO, 2014; 이도흠, 2017, 재인용). 사회적 분화와 이질성의 큰 간극은 사회전체의 이해관계 대립과 갈등의 가능성을 증가시킨다. 또한 개인의 파괴적 욕망은 분노의 대상을 찾지 못하거나 명확하게 인식하지 못하고 억압되어 개인의 심리 사회적 부적응을 야기하게 된다(정은선, 2015). 즉, 사회변혁과 그에 따른 개인의 부적응은 다양한 양상의 갈등을 만들어내고, 집단 간 지역 간, 개인 간, 이해관계의 충돌을 빚거나 직접적인 대립으로 이어지게 한다.

　폭력에 대한 우리의 기존 인식은, 특정 집단이나 특정 개인의 갈등을 해결하기 위한 가장 빠르고 효과적인 수단이었다. 그러나 급격한 사회변화 만큼이나 지금 우리 사회에서는 불특정 개인이나 집단에서도 문제해결 방법으로 일상적인 폭력이 쓰이고 있다(최인섭 등, 2005). 실제로 서로 아는 관계에서 폭력을 행사하는 경우 협박, 위협, 도구사용 등의 유형으로 나타나기도 하고,

상호작용이 없는 경우에는 상황을 조정, 진정시키거나 회피하고자 하는 등의 시도로 폭력을 행사하기도 한다(한국형사정책연구원, 2010). Hans Tiersch (1995)는 폭력의 형태를 물리적·심리적·구조적 폭력으로 구분하였다. 먼저 물리적 폭력은 신체에 직접 행해지는 것으로 의도적 협박 또는 신체적인 괴롭힘 및 불쾌감을 유발하는 행위 등을 포함한다. 심리적 폭력에는 언어적·상황적 협박과 강요, 고립시키거나 모욕을 주는 일, 두려움을 주는 일, 좌절감을 주는 일 등이 포함된다. 구조적 폭력에는 사회 및 자연환경으로부터 삶을 위협받거나, 강압적 사회관계 및 제도, 상호 인간관계에서 비롯되는 갈등 등이 포함된다(이민희, 1998).

폭력과 관련된 이론 중에 대표적이고 설득력이 있는 이론을 중심으로 설명하면 다음과 같다.

Robert Agnew의 일반긴장이론(General Strain Theory)에서는 원하는 일을 성취하지 못하거나, 소중한 대상물이 사라지거나, 부정적인 자극이 주어지거나, 이러한 일들이 예상될 때 상대방으로부터 좋지 못한 자극을 받게 되면 폭력 가능성이 높아지는 것으로 본다. 부정적인 자극은 특정형태로만 한정되지 않으며 언어적이거나 물리적 행위 또는 자신의 영역에 대한 침해 등으로 나타날 수도 있다(한국형사정책연구원, 2010).

Johan Galtung(1969)은 일반적으로 이해되는 직접적인 폭력의 개념에서 구조적 폭력 및 문화적 폭력으로 폭력의 개념을 확장시켰다. 잠재적인 가능성과 실제적인 것의 차이에서 비롯되는 구조적 폭력은 명확한 주체 없이 사회구조에 내재된 형태로 나타날 수도 있는데, 불평등을 야기하는 구조적 폭력 속에서 인간은 존엄성과 자유를 침해받게 되는 것이다. 문화적 폭력은 직접적이거나 구조적인 형태의 폭력을 정당화하는 데 사용될 수 있는 문화의 한 측면으로 정의된다. 문화에 내재된 상징적인 폭력은 직접적이거나 구조에 내재된 폭력처럼 변하거나 없어지는 것이 아니며 종교, 이데올로기, 예술과 언어, 경험 및 형식과학을 통해 나타나게 된다(Galtung, 1990).

Lewis A. Coser는 갈등이론을 바탕으로 폭력에 이르는 세 가지 조건을 제시하였다. 첫 번째 조건은 상호관계의 갈등이 구체적인 이익과 관련되는 것이다. 상호관계의 갈등이 구체적인 이익과 관련된 경우에는 폭력성이 낮아지고, 실제 쟁점에서 벗어나는 감정적 측면에서는 폭력 가능성이 높아지게 된다. 구체적 이익이나 비용을 상정할 수 있는 경우는 타협할 수 있지만 실제적인 비용을 도출하거나 대안을 찾기 어려울 때 타협할 구체적인 근거가 없게 되고 강압적이고 폭력적으로 발전할 가능성이 높게 된다. 두 번째 조건은 상호작용 관계의 경직성이다. 상호작용 관계가 경직될수록, 제도적 수단을 이용해 갈등과 긴장을 해결하기 어렵고 폭력화될 가능성은 높게 된다. 가족이나 친구의 경우 상호간 통제수준이 높고 역할기대가 고착되어 있기 때문에 낯선 관계에 비해 경직된다는 것이다. 경직된 관계에서는 갈등을 흡수하고 규제할 수단이 없기 때문에 폭력으로 발전될 가능성이 높다. 세 번째 조건은 갈등의 주된 내용이 핵심적인 가치에 있는가이다. 갈등의 내용이 핵심적인 가치에 있을수록 폭력화된다는 것인데, 개인의 핵심적 가치는 감정적 중요성으로 인해 협상과 조정에서 어려움을 가지며 폭력 가능성은 높아지게 되는 것이다. 즉, 갈등의 계기가 실제적이지 않으며, 상호작용 관계가 경직되고, 핵심적 가치와 관련될수록 폭력 가능성이 높아지게 되는 것이다 (김진균 외, 1989).

이처럼 우리사회에 만연하고 있는 폭력으로 인한 문제들을 이해하기 위해서는 폭력의 발생기전과 폭력의 특성을 보다 체계적으로 아는 것이 중요하다. 결국 이러한 노력을 통해 폭력으로 유발되는 위기에 대해 적절하고 효과적으로 대처하고 개입할 수 있을 것이다.

본 장에서는 다양한 폭력 중에서 가정폭력과 성폭력을 중점적으로 다룰 것이다. 이는 가정폭력과 성폭력이 실제 임상현장에서 자주 접하고, 체계적이고 전문적인 교육이나 훈련이 되지 않은 사람이라도 주변 사람들의 가정폭력과 성폭력이라는 문제에 노출되어 있기 때문이다. 우리는 불안전한 환경에서 적절한 양육을 제공받지 못할 경우 세상과 타인에 대해 보호받지 못하고 신뢰할 수 없는 대상으로 인식하게 된다(안은주 등, 2017). 더욱이 사회의 일상적인 폭력은 우리를 취약하게 만들 뿐만 아니라 폭력성을 손쉽게 수용하고 사용하게 한다. 이런 이유로 우리와 근접해서 발생하고 안전을 가장 저해하는 것은 가정에서 그리고 친밀한 관계에서 발생할 수 있는 폭력일 것이다. 다른 유형의 폭력에 비해 가정폭력이나 성폭력은 지극히 개인적이고 은밀한 영역에서 발생한다. 이 두 유형은 밀접한 관계에서 발생하는 경우가 대부분이기 때문에 폐쇄성과 지속성, 반복성을 띠게 된다. 따라서 폭력 정도가 강화되는 악순환을 하게 된다. 친밀한 관계에서는 폭력이 일어날 수 있다고 생각하더라도 폭력에 대한 허용도가 높으면, 폭력을 인지하는 시점은 상당 기간 폭력이 지속된 상태일 것이다. 그런 경우 폭력에 대한 대응시기를 여러 번 놓쳤을 것이다. 따라서 이들 유형에 대한 구체적인 접근과 대처가 필요하다. 또한 친밀한 관계에서 발생하는 폭력을 어떤 기준으로 알아채고 판단하며, 어떤 태도를 취할지, 단호함의 일관성은 어떻게 유지할지, 미리 고민할 필요가 있을 것이다.

가정폭력

가정폭력(domestic violence)은 가족구성원이 다른 가족에게 반복적이고 의도적으로 물리적인 힘을 사용하거나, 정신적 학대를 통해 신체적·정신적 손상이나 고통을 주는 행위를 말한다(고미선, 2004). 가정폭력범죄의 처벌 등에 관한 특별법에서는 가족구성원 간 신체적, 정신적, 재산상의 피해를 수반하는 행위를 말한다. 가족구성원은 배우자(사실혼 포함), 배우자 관계에 있던 자, 자기 및 배우자의 직계 존비속 관계(사실상 양친자 관계 포함)에 있거나 있었던 자, 계부모와 자 또는 적모와 서자 관계에 있거나 있었던 자, 동거하는 친족관계에 있는 자를 포함한다(가정폭력범죄의 처벌 등에 관한 특별법 제2조). 가정폭력 행위자는 가정폭력범죄를 범한 사람 및 가족 구성원을 공범으로, 가정폭력 범죄로 인해 직접적인 피해를 입은 사람을 피해자로 각각 정의한다. 그러나 최근에는 직접적인 피해는 물론 가정폭력에 노출되는 간접적인 경험까지도 가정폭력 피해로 본다(박은하 등, 2010). 실제, 가족 내 폭력에는 신체 및 정신적, 성적학대와 배우자에 의한 통제까지 포함되며 여성을 비롯한 많은 가족 구성원에게 치명적인 피해를 초래한다(Tjaden & Thoennes, 2000).

1. 가정폭력의 이해

많은 사람들이 가정폭력은 개인적인 일이며 평범한 가정에서는 일어나지 않을 것이라고 인식한다. 또한 가정이라는 영역은 사적인 공간으로 가족 구성원이 아닌 누구도 침범할 권리가 없는 성역으로 간주되기도 한다. 그로 인해 폭력의 원인이 되는 문제를 유지하거나 완화하는 기능을 가진 가족 공동체는 여전히 유지되고 외부로부터 고립되어 도움요청을 어렵게 한다.

Evan Stark의 강압적 통제론(Coercive Control)에서는 가정이 권력을 가지게 되는 공간이라는 점, 가정폭력의 핵심이 통제인 점, 피해자의 자유를 침해하는 점에 관심을 둔다. 행위 자체로는 폭력성이 낮더라도 가정 내에서 강압적이고 통제적인 방식의 행위가 지속적이고 전략적으로 행해질 때 통제의 패턴을 가지고 피해자의 자유를 구속하는 폭력이 될 수 있음을 뜻하게 된다(민윤영, 2017). 강압적 통제는 상대방에 대한 우위를 유지하기 위한 비폭력적 행위이며 고립시키거나 감시하는 등의 형태로 나타나기도 한다(Stark, 2017). 통제는 강압성 유무 혹은 폭력성 유무와 상관없이 관계에서 해를 끼칠 수 있다. 강제를 통한 가부장제는 힘을 기반으로 가족구성원들에게 헌신과 제약을 가하며 남성에게는 권력의 기반을 제공(Kimberly & Jennifer, 2018)하기도 한다.

가정폭력에 의해 학대받는 대부분의 사람은 좌절, 불신, 절망, 분노 등의 정서적 어려움을 겪으며(Riger et al., 2002) 폭력피해자의 절반가량이 우울증을, 60% 이상이 외상 후 스트레스장애로 고통 받는다(Golding, 1999). 심각한 학대를 받은 경우에는 높은 수준의 사회적 고립을 보고하며, 이러한 고립은 폭력에 의한 학대 자체에 대한 도움뿐만 아니라 사회적 지원을 어렵게 만든다(Thompson et al., 2000; Carlson et al., 2002). 가정폭력을 행사하는 가족구성원에 의해 가정폭력의 피해자가 자신의 가족이나 친구, 동료 등을 포함하여 상호작용할 수 있는 다른 사람과 접촉할 수 있는 기회를 차단당함으로써 가정폭력의 상황은 더 악화된다.

또한 가정폭력피해자가 외부도움을 받는다는 것이 자신의 정체성이나 관계를 포기하는 것 또는 가족으로부터의 단절을 의미하기 때문에 도움요청이 어렵다. 일부는 자신이 알고 있는 주변 사람들에게만 제한적인 도움을 구하기도 한다. 예를 들어, 보호소 입소를 결정하는 것이 기존의 문화적 규범이나 자신의 공동체를 외면하는 것으로 인식될 수 있기 때문에 가족이나 친구들의 배척을 받을 수 있다(Goodman et al., 2011). 이로 인해 정서적·경제적 자원 없이 모든 측면에서 타인의 도움과 관심에서 멀어져 있는 것처럼 느끼며, 결과적으로 가정폭력의 피해자들은 폭력적인 상황에 철저히 고립되고 이런 상황은 자신에게만 일어나며 구제받을 수 있는 방법이 없다고 생각하게 된다(Everstine et al., 2006).

구체적으로 가정폭력에 노출된 사람들이 도움요청을 어렵게 하는 요인을 살펴보면 다음과 같다(Sullivan, 2011).

- 낙인 찍히는 것에 대한 염려
- 외부 서비스가 필요하다는 것은 주변의 도움이 필요하다는 것에 대한 인정을 강요받게 함
- 배우자 혹은 가족을 떠나는 것에 대한 두려움
- 학대자의 보복에 대한 걱정
- 자녀 양육권 상실 및 경제적 어려움에 대한 우려
- 기관 구성원들의 사회 문화적 역량이나 다양성의 부재
- 서비스가 제공할 수 있는 것과 실제 사용자 욕구 사이의 차이

이러한 특성으로 인해 가정폭력에 노출된 구성원의 경우 외부에서 받을 수 있는 공식적인 도움요청을 꺼리게 되며, 가족이나 친구 등의 비공식적인 지원을 기대하게 된다(Hamby et al., 2009), 하지만 이마저도 가해 가족에 의해 차단당할 수 있다.

1) 가정폭력의 특성

(1) 일상성

가정폭력은 언어적, 심리적, 육체적, 경제적, 성적, 정서적 폭력의 다양한 형태로 가정이라는 한정된 공간에서 가족 구성원에게 일상적으로 행사된다는 특성을 가진다. 가정에서 발생하는 일상적인 폭력은 한 개인의 인권과 인성을 파괴한다는 점에서 매우 심각할 수 있다. 친밀한 관계에서 가해자는 가족의 일상생활, 신념 및 사랑하는 사람들에 대한 다양한 정보를 가지고 가장 효과적인 전략을 선택하고 구현할 것이다(Stark, 2017).

(2) 지속성

가정폭력은 일반적인 폭력과는 달리 친밀한 관계에서 발생되기 때문에 지속적이고 반복적으로 나타난다. 가족은 언제든지 접근가능하고, 가정이라는 형태가 지속되는 동안 폭력은 멈추지 않기 때문에 시간이 흐를수록 피해 정도가 심각해지는 특성이 있다. 더욱이 이러한 지속적이고 반복적인 폭력은 신체적 피해뿐만 아니라 피해자로 하여금 학습된 무기력과 낮은 자존감을 갖게 해 심리적 측면에서도 심각한 피해를 주게 된다. 이처럼 강압적인 통제를 통한 폭력은 학대자의 통제권을 유지하려는 지속적인 동기를 반영하며 구성원의 분리 후에도 통제적 폭력이 지속될 가능성이 높다(Ornstein et al., 2013).

(3) 관계성

가정은 혼인과 혈연으로 이어진 가족이라는 관계로 자녀, 부모, 친족, 이웃, 주거 등 다양한 매개체를 통해 연결되어 있다. 이로 인해 분리되고자 해도 쉽게 분리되기 어려워 폭력 상황에 무방비로 방치되는 경우가 많게 된다. 관계에서 비롯되는 사회적 규범, 기대, 가부장적 태도 등의 제약은 가족 구성원을 규제하고 억압하며 위험에 빠뜨리는 도구로 이용되기도 한다(Kimberly et al., 2018).

(4) 폐쇄성

가정폭력은 가정이라는 공간 안에서 일어나기 때문에 문제가 외부로 노출되기 어렵고, 증거나 목격자를 확보하기 어렵다. '맞을 만한 일을 했을 것이다'라는 식의 잘못된 사회적 편견과 통념은 피해자가 스스로 외부에 피해 사실을 알리고 도움을 요청하는 것을 어렵게 한다. 이러한 사회적 압박으로 인해 가해자와 피해자 모두 자신의 가정에서 발생한 폭력을 숨기려는 의도를 가지기 때문에 가정폭력이 밖으로 알려지는 것이 매우 어렵다(Everstine et al., 2006). 뿐만 아니라 외부에서는 가정폭력을 '남의 집 가정사'로 치부하고 관심을 갖지 않을 가능성이 크기 때문에 은폐되기 쉽다.

(5) 전이성

가정폭력의 가장 심각한 특성은 세대 간 전수되는 폭력의 악순환에 있다. 가정폭력의 모든 피해자가 가해자가 되는 것은 아니지만, 다음 세대로 이어질 가능성이 크다는 사실이 가정폭력의 문제를 더욱 심각하게 한다. 자녀에게 폭력을 학습하는 최초의 장이 가정이 되며, 학대를 경험한 청소년은 그렇지 않은 청소년에 비해 부모가 되었을 때 자신의 자녀를 학대할 가능성이 높다(Kashani et al., 1998). 폭력은 부모에 대한 불신의 원인이 되고, 반사회적 또는 비사회적 문제 행동들로 연결될 수 있다. 또한 가정에서 부모에 의해 학습된 폭력이 학교 폭력, 사회 폭력으로 연장되는 결과를 가져올 수 있다는 것에서 가정폭력은 단순히 개인이나 한 가정의 문제가 아닌 우리사회의 문제이다.

2) 가정폭력의 유형

가정폭력은 신체적, 정서적·언어적, 성적, 방임의 형태로 나눌 수 있다. 가정폭력 피해 구성원은 한 가지 형태 또는 복합적인 형태의 폭력에 노출될 수 있으며 그 심각성의 정도는 일반화될 수 없다.

가정폭력의 유형에 따른 특성과 구체적인 폭력을 알아보면 다음과 같다.

(1) 신체적 폭력은 일반적으로 반복되며 발생 빈도와 심각성 측면에서 지속적이며 심화된다. 신체적 폭력에 의한 신체적 손상은 가벼운 타박상에서 심각한 골절이나 사망에 이르기까지를 뜻하며, 해를 입힐 의도 여부와 관계없이 폭력으로 간주된다.

- 밀치거나, 뺨을 때리고, 주먹으로 치고, 발로 차기
- 깨물거나 흔들기, 찌르기
- 손이나 막대기, 끈이나 기타 물건 등으로 치기
- 잡고, 묶거나 목을 조르기
- 위험한 장소에 격리하거나 신체적 고통을 주는 행위
- 흉기로 위협하거나 공격하기
- 아프거나 다쳤을 때 도움을 주지 않는 행위

(2) 정서적·언어적 폭력은 객관적인 입증이 어려울 수 있으며, 공포와 수모를 통한 지배 수단으로 신체적 폭력이나 다른 유형의 폭력에 앞서거나 함께 동반될 수 있다.

- 위해를 가하거나 협박하기
- 물리적이거나 사회적인 고립
- 극단적인 질투와 소유욕
- 기물파손이나 동물학대 등의 간접 폭력
- 박탈감, 수모와 굴욕을 주거나 위협하기
- 놀리고, 비난하고, 욕하고, 비하하기
- 모든 것을 피해자 탓으로 돌리고, 열등하고, 무능력하다는 비난의 말
- 요구를 무시하거나, 묵살하고, 조롱하기
- 거짓말을 하고, 약속을 깨고, 신뢰 무너뜨리기
- 놀라게 하고 겁을 주기 위한 무모한 운전
- 가족을 비난하거나 대인관계를 통제하기

(3) 성적 폭력은 여성에게는 논의하기 가장 어려운 측면의 학대이며, 강요된 성관계 또는 성적 수모를 포함하게 된다.

- 성적 자기결정권에 대한 침해 및 부부강간
- 근친상간, 강간 등 자신의 의지에 반하는 성적 행동을 하도록 함
- 충분히 의식하고 있지 않거나, 묻지 않거나, 거절하기 두려울 때의 성적 행동
- 질 내, 구강, 항문에 물체나 흉기를 사용하는 등 성관계 중 상대방을 신체적으로 다치게 하거나 생식기에 폭력을 가함
- 임신이나 성적으로 전염되는 질병에 대한 보호 없이 강요된 성관계
- 생식기 애무 및 삽입 등의 강요
- 매춘이나 포르노 영상매체 제작을 통한 착취
- 비난, 성적인 비하와 놀림

(4) 방임은 기본적인 욕구가 충족되지 못하는 상황에서 비롯된다. 때때로 문화적 가치 및 지역사회 돌봄 기능의 기준이 적합하지 않거나 결여, 빈곤에 의해 발생할 수 있다. 이것은 상황에 따라 가정에 관련 정보나 지원이 필요함을 암시한다. 방임은 보다 세부적으로 물리적 방임, 정서적 방임, 의학적 방임, 교육적 방임으로 구분할 수 있다(Everstine et al., 2006).

- 물리적 방임: 필요한 음식 및 주거를 제공하지 않거나 적절한 돌봄을 하지 않음
- 정서적 방임: 정서적 욕구에 무관심하거나 심리적 돌봄을 제공하지 않거나 자녀에게 알코올이나 기타 약물을 사용하도록 허용함
- 의학적 방임: 의학적 또는 정신건강 치료가 필요하지만 제공하지 않음
- 교육적 방임: 자녀의 교육 및 특수 교육에 대한 필요성을 외면하고 기회를 제공하지 않음

3) 가정폭력의 영향

가정폭력은 광범위한 영역에서 가족구성원 모두에게 영향을 미친다. 폭력의 형태는 일반화하여 분류될 수 있지만, 그것에 의한 영향은 가정폭력이 경험되는 정도, 심각성, 방식이나 그것을 가정폭력에 노출된 사람이 어떻게 경험하느냐에 따라 큰 차이를 보인다(Tjaden et al., 2000; Adkins & Kamp et al., 2010; Fleury-Steiner et al., 2006; Goodman et al., 2011; 김연옥 등, 2013; 이영실 등, 2016).

(1) 신체적 영향

- 직접적인 영향: 멍, 화상, 자상, 골절, 치아골절, 고막파열, 안구손상 등의 상해, 장애, 유산, 가해자 살해, 자살 등
- 간접적인 영향: 두통, 과민성 장 증후군, 수면장애, 물질남용이나 중독, 안전하지 않은 성관계, 역할기능의 손상 등

(2) 심리적 영향

- 외상 후 스트레스 장애
- 우울증, 두려움, 불안, 공격성, 혼란스러움
- 좌절감, 낮은 자존감, 수치심 및 죄책감, 자기비난
- 불신, 절망, 분노
- 판단력 및 결정력 저하
- 학습된 무기력, 구타여성증후군

(3) 그 외 영향

신체적, 심리적, 경제적, 사회적 학대로 인한 사회적 고립, 부채, 자유 및 존엄성의 상실 등

(4) 사회적 비용

가정폭력으로 인한 사회적 부담은 매우 심각하며, 가족 구성원의 욕구에 따르는 직·간접적 비용을 포함한다.

- 직접적 비용: 의료 및 법률 서비스 제공, 거주지 제공, 재정지원, 아동 보호 및 사회 서비스 등을 위한 비용
- 간접적 비용: 폭력으로 인한 피해자의 질병 증가, 사망률 증가, 술이나 약물 남용, 우울증 등에 의한 고통 및 괴로움, 생산성 감소, 빈번한 결근, 투자 및 저축 감소, 사회적 자본침식, 세대 간 전수에 의한 삶의 질 저하 등

(5) 자녀에게 미치는 영향

자녀들이 가정폭력에 노출되는 것은 아동학대의 한 형태로 심각한 외상을 경험하게 한다. 가정폭력에 노출된 것으로 인한 영향은 직접적인 폭력에 의한 신체적 상해, 적절한 돌봄을 받지 못해 방임되거나, 심리적 고통이 유발되고, 문제행동 등으로 나타날 수도 있다.

- 신체적 영향: 타박상 및 관련 상처, 화상 자국, 경막하 혈종 및 복강 내 손상, 저체중, 영양실조
- 심리적 영향: 긴장 상태, 지나친 수동성 및 철회, 우울, 불안, 무감각, 충동적, 불신, 분노, 슬픔, 수치심, 죄책감, 혼란, 무기력, 절망감, 좌절감
- 그 외 영향: 비행이나 학교 폭력 등의 공격성, 가출, 결석, 약물사용, 또래 관계 등 대인관계에서의 어려움

2. 가정폭력의 이론적 접근

1) 가족 체계적 접근

가족 치료의 체계적 관점에서 부부간 가정 폭력은 상호작용 및 관계에서 발생되는 상호자극의 결과이며, 파괴적이고 폭력적인 행동에 대해 서로가 감정적으로 자극하고 상승시키기 때문으로 본다. 부부간 폭력의 상호작용은 어떤 방식으로든 상대방을 강제한다. 부부 갈등은 가족 구성원에게 폭력을 유발하게 하는 주요원인으로 작용하며, 가정폭력은 그러한 갈등의 가장 극심한 형태이다. 이로 인해 자녀는 부정적 스트레스 상황에 놓이게 되고 잠재적으로 공격성이 내재된다. 그러나 여성주의 관점에서는 폭력적인 남편의 경우 상호자극에 의해 자제력이 약해진다기보다는 통제권을 가지는 것으로 본다. 즉, 가족 내 폭력은 구성원 개인의 병리적인 행동이기 보다는 가족체계의 필요성에 의해 발생되는 것이다(Nichols, 2010).

가족의 일상에서 형성되는 스트레스와 긴장은 갈등을 증폭시키고 가족 체계 안에서 조화를 이루거나 폭력을 가중시키게 된다. 이러한 가정폭력이 다른 구성원에 의해 수용되면서 폭력 사용이 안정화되고 악순환하게 된다(이영실 등, 2016).

가족 내 폭력은 가부장적 테러리즘과 일반적인 폭력의 두 가지 유형으로 분류할 수도 있다. 가부장적인 테러리즘은 배우자 또는 가족 구성원을 통제하기 위한 하나의 패턴으로 빈번하게 자행되며 그에 대한 심각성은 시간의 변화에 따라 악화된다. 일반적인 폭력은 특정한 갈등에 대한 반응으로 나타나게 된다. 이는 특정한 갈등 상황에서 발생하기 때문에 상호 관계적인 반면 빈번하거나 악화되지는 않는다(Nichols, 2010).

2) 개인 심리학적 접근

개인의 주관적인 지각은 안녕에 대한 자신의 욕구를 반영한다. 이는 개인적 특성이며 의식 및 무의식적인 동기화에 의해 행동으로 나타난다. 개인은 아동기 경험을 되살리게 하는 개별적 패턴을 가지며 배우자 선택에 있어서도 자신의 무의식적 기대에 충족될 수 있는 대상에 대해 친숙함을 느끼게 된다. 그러므로 각 개인이 느끼는 익숙함과 안정감을 바탕으로 배우자 선택을 하게 되기 때문에 이것이 꼭 타인이 이해하거나 용인할 수 있는 대상의 범위에 있는 것은 아니다.

자신의 결점을 보상받기 위해 배우자를 선택하는 경우, 이러한 선택은 자신의 주관적 인식이며 개인적 논리에 의한 것이다. 이러한 경우에는 자신의 우월성을 유지하거나 혹은 고통 받고자 하는 욕구가 기저에 있게 된다. 결국 폭력행위의 주체가 되는 가족구성원은 열등한 대상에 대한 우월감을 유지하기 위해 지속적인 폭력을 사용하는 반면, 폭력에 노출된 구성원의 경우 고통 감내와 동시에 도덕적 우위에 있게 된다. 즉, 가정폭력 상황에 놓이게 되는 구성원 간의 상호 기대에 의해 폭력적인 관계 패턴이 유지될 가능성이 높아질 수 있다(노안영 외, 2012).

3) 사회학습이론 접근

가정폭력은 가족구성원의 행동양식을 보고, 학습 및 모방하는 과정에서 직·간접적으로 관찰되고 경험된다. 관찰에 의해 사회적으로 학습되고 모방을 통해 폭력성이 강화되는 과정은 가정폭력의 세대 간 전수 가능성을 나타낸다(김연옥 등, 2013). 이는 어려서 가정폭력에 직·간접적으로 노출될 경우 폭력에 대한 학습이 용이해지고 갈등에 직면하면 유사한 방법을 선택하게 된다는 것이다. 가정폭력의 문제를 더욱 심각하게 하는 것은 가정폭력으로 인한 직접적인 피해 경험보다 폭력을 목격하며 성장하는 경우 폭력에 허용적인 태도와 폭력적인 해결방식을 더 빈번하게 사용할 가능성을 보이기도 한다(형사정책연구원, 2005)는 것이다. 즉, 양육과정에서의 가정폭력은 가족구성원을 통제하고 욕구충족을 위한 적절한 도구로 사용되며, 가족 구성원들은 가정폭력에 대한 정당성까지 내면화하고 합리화하게 된다(이영실 등, 2016).

4) 인지 행동적 접근

가정폭력을 유발하는 비합리적인 사고나 인지적 왜곡은 폭력 사용에 대한 직·간접적 경험의 학습에 의한 것으로 사회학습이론과 관련성을 가진다. 폭력적인 가정에서 양육되어지는 경우 폭력이 힘과 통제력의 형태로 기능하는 것과 사회적·법적 대처나 처벌이 미미하다는 것을 학습한다(Tolman et al., 1990). 또한 폭력에 반복 노출되는 구성원의 경우에는 상황에 대한 통제가 불가능하다는 인식과 학습된 무기력이 기저에 있게 된다. 이들은 과거 경험을 통해 폭력에 대한 허용정도 및 당위성을 획득하고 그에 대한 역기능적 신념을 활성화시키게 된다. 이러한 비합리적이고 왜곡된 신념을 내제화함으로써 폭력을 문제해결 수단의 일부로 활용하거나 수용하게 되는 것이다.

5) 여성 주의적 접근

여성주의적 접근에서는 전통적인 성역할 고착에서 비롯되는 강압적 통제 형태가 남성 지배적 사회구조에 의해 발현되고 유지되는 것으로 본다. 강압적 통제는 성불평등, 권력이나 힘의 불균형, 가부장제를 지지하고 재현하는 거시적 사회구조에 의해 지속된다(Graham—Kevan et al., 2003). 즉, 권력이나 생산성, 감정, 상징적 관계 등에서의 성역할 차원은 남성의 지배가 개인과 사회적 수준에서 적법하게 받아들여지고 있음을 암시하는 것이다(Connell, 2009). 이에 따라 남성적 가부장제의 가치는 여성이나 가족 구성원에 대한 지배와 통제, 폭력을 통한 복종을 당연시하며 강요하게 된다.

가부장적인 통제는 가족구조를 형성하는 단계에서부터 그 가치가 부여되고 강화된다. 남성지배적 구조에 종속된 여성은 폭력을 통해 통제되고 강압적 통제는 남성의 힘을 유지시키게 됨으로써 가정 내 폭력은 허용된다(Kimberly et al., 2018).

3. 가정폭력에 대한 왜곡된 생각

1) 도발에 의한 것이다

• 가난하거나 특수한 상황에 있는 가정을 제외하고는 가정폭력을 도외시하거나 드문 것으로 인식한다. 폭력에 노출되는 경우 맞을 만한 일을 해서 맞았다거나 버릇을 고치기 위해 때린다는 등 폭력상황을 가정폭력 피해자의 도발에 의한 것으로 정당화한다.

그러나 더 이상 가정폭력이 개인의 사적 허용범위에 있는 것이 아니며, 피해 구성원의 잘못에 의해 일어난 일이 아님을 인지해야 한다. 따라서 한 인간으로서의 가치와 존엄성 회복을 위해 가정폭력에 대한 사회적 차원의 인식이 재고되어야 할 것이다.

2) 비정상적인 가정에서 발생한다

• 대부분의 사람들이 가정폭력은 병들고 취약한 비정상적인 가정에서만 일어난다는 믿음을 가진다. 가정폭력에 노출되는 사람은 자신과는 다른 계층의 사회구성원으로 지각하며 정상적이거나 평균적인 일반 가정에서는 폭력적인 상황이 일어나지 않을 거라고 생각한다.

그러나 가정폭력은 문화, 계층, 인종 등에 상관없이 발생하고 있다. 다수의 연구에서 우리가 정상적이라고 인식하는 사람들이 특정 상황에서 가장 가까운 가족에게 폭력적이 될 수 있다는 많은 연구결과들이 있다.

3) 물질남용이 원인이다

• 알코올 중독이나 다른 형태의 물질 남용에 의해 가정폭력이 유발된다는 것이다. 특히, 알코올에 허용적인 문화에서는 그에 따른 부정적 결과에도 상당히 관대하며 이해 가능한 범위로 받아들인다.

그러나 물질남용 자체가 가정폭력의 직접적인 원인은 아니다. 단지 간접적으로 기여하는 부분은 스트레스 상황에서 스스로를 통제할 수 있는 능력이 물질남용에 의해 간섭당하게 되는 데 있다. 즉, 물질남용이 현상 밑에 내재되어 있던 억압된 공포나 분노, 질투 등이 폭력적인 행동화로 표출되도록 한다는 것이다.

4) 사회계층이나 문화적 산물이다

- 노동자 계층, 낮은 학력, 저소득 가정에 속한 사람들이 상대적으로 더 빈번한 가정폭력을 경험한다고 보고된다.

그러나 이들의 폭력은 태생적인 요인에 의한 것이라기보다 실업과 재정 불안정, 주거 불안, 무계획적인 임신, 기타 문제들이 유발하는 사회적 압력에 좀 더 취약하기 때문이다. 이러한 압력에 의해 서로 공격적이거나 희생양이 되는 것이다. 또한 이들은 상대적으로 중산층이나 그 이상의 계층에서 감당할 수 있는 민간 서비스에 접근이 어렵다. 이로 인해 공공기관에 도움을 요청하게 됨으로써 외부에 이들의 문제가 노출되는 것이 용이하기 때문이다.

5) 정신적 문제가 있는 사람에 의한 것이다

- 가정폭력을 저지르는 사람은 무직자이거나 알코올 또는 도박 중독자 등 사회적으로 정상적인 기능이 어려운 사람일 것이라고 생각한다.

그러나 다른 사람들에게는 유난히 친절하고 자상하지만 집에서는 가족에게 폭력적으로 돌변하는 사람을 어렵지 않게 볼 수 있다. 이런 경우 외부에 비쳐지는 모습 때문에 주변에서는 그 사람의 폭력성을 의심하며 피해 구성원을 불신하고 지지하지 않는 경우까지 발생한다. 이처럼 실제로는 사회에서 인정받고 전문직에 종사하고 업적을 이루는 등 지극히 정상적이고 일반적인 사람들에 의해 가정폭력이 일어나기도 한다.

4. 가정폭력의 평가

가정폭력에 대한 개입은 가족 구성원을 취약하게 하거나 더 큰 위험에 노출시킬 수 있다. 많은 가정에서 의견 대립을 해결하거나 표현하는 데 적합한 개입 전략들이, 폭력이 발생한 가정에서는 효율적이지 않으며 오히려 문제를 만들 수도 있음을 인식해야 한다. 따라서 안전하고 신중한 개입을 위해 개별 가족구성원에 대한 적절한 평가가 수반되어야 한다.

1) 위험성 평가

- 가정폭력의 개입에서 가장 중요한 일은 신체적 위험으로부터 가족 구성원의 안전 확보 및 의료적 도움의 필요성 여부를 확인하는 것이다.
- 의료적 치료나 쉼터, 경찰 출동 등의 도움이 필요하다면 적극적인 개입이 요구된다.

구타를 포함한 신체적 폭력은 가정폭력의 가장 심각한 형태이다. 가정폭력에 노출된 사람이 움직일 수 없는 상황에 있거나 감금되어 있을 수도 있고 가해 구성원이 폭력을 휘두르거나 죽이겠다고 위협할 수 있다. 위기개입 시, 피해 구성원에게 현재 상태를 침착하고 명확하게 질문함으로써 상황에 대한 위험성을 평가해야 한다.

가정폭력의 위험성 평가는 다음과 같은 질문을 통해 수행할 수 있다.

- 지금 말하기 어려운 상황인가요?
- 가해자는 지금 어디에 있나요?
- 상처를 입거나 다친 곳이 있나요?
- 최근 폭력은 언제 있었나요?

- 도구를 이용한 폭력이었나요?
- 피해 계실 곳이 필요한가요?
- 편안하게 이야기하실 수 있을 때까지 기다리겠습니다.

2) 위험요인 평가

- 자신의 분노를 촉발하는 것이 무엇인지 각자 얼마나 의식적으로 알고 있나?
- 긴장상태를 막기 위해 위기개입자가 만든 기본적인 안전규칙을 세우고 준수할 수 있는가? 예를 들어, 정해진 시간 동안 합의된 신호에 의해 언쟁을 중단하고 진정될 때까지 떨어져 있는 것이 가능한가?
- 서로 의견이 다를 때가 있고, 이기고 지는 상황일 필요는 없다는 데 동의할 수 있는가?
- 서로 떨어져 쉬는 시간을 가질 수 있거나 아니면 반대로 그 상황에 매몰돼 있는가?
- 의심이라는 주제가 합리적으로 논의될 수 있는가? 의심하는 주체는 오래 캐묻는다고 그 문제가 해결되지 않으며 오히려 상황을 악화시킨다는 것을 인식할 수 있는가? 캐묻지 않도록 규칙을 세울 수 있는가?
- 산책하거나 일기를 쓰거나 베개를 때리는 등의 방법으로 스트레스를 해소하거나 줄일 수 있는 안전한 방법을 마련할 수 있는가?
- 가족 구성원 한 명 혹은 그 이상이 수동 공격적이거나 도발적인 행동을 하는가? 만약 그렇다면 그것을 인식하고 파괴적인 행위임을 인정하고 멈출 수 있는가? 서로 상대방에게 귀를 기울이고 그러한 행동을 지적한다면 멈출 용의가 있는가?

3) 인지적·정서적 평가

(1) 폭력에 의한 신체적 외상으로 취약한 정신 상태에 있는가?

- 가해자의 심리적 학대에 의한 인지적 손상은 어느 정도인가?

- 폭력을 자신의 탓으로 여기는가?
- 수치심을 느끼는가?
- 자존감의 손상은 어느 정도인가?

(2) 가해 구성원에 의해 자녀들이 세뇌되었는가?

- 가해자와 동일시를 형성했는가?
- 폭력에 대한 가해자의 합리화를 믿는가 아니면 피해 구성원을 지지 하는가?

(3) 상처의 심각성 정도와 인식여부는 어떠한가?

(4) 얼마나 오랜 기간 폭력을 참아왔는가?

(5) 이 가정폭력 상황에서 벗어날 수 있는 현실적인 혹은 예상 가능한 계획 을 가지고 있는가?

(6) 다음의 자원이 제공되고 있는가?

- 신체적 안전
- 정서적 지원
- 재정적 지원
- 법률적 지원
- 긴급 대피소 및 보호소

(7) 정서적 상태의 심각성은 어느 정도인가?

- 극심한 우울
- 극심한 불안
- 급성 외상
- 쇼크나 부인
- 알코올 및 물질 의존

(8) 가해자와 피해 구성원의 병리적 애착 정도는 어떠한가?

• 가해 구성원과 여전히 함께 있고 싶은 욕구가 있는가?

• 가해 구성원과 분리되는 것에 대해 어느 정도 불안해 하는가?

• 반복되는 폭력관계의 유해성과 떠나야 한다는 사실을 인지하고 있는가?

(9) 가정폭력의 위험성에 대한 인식정도는 어떠한가?

실질적인 잔존 위험을 인지하거나 부정하는 수준에 의해, 관계의 단절여부를 예측할 수 있다

4) 아동학대 평가

가정폭력에서 가장 빈번하게 일어나는 것이 부부간 폭력과 아동에게 행해지는 학대이다. 아동학대는 정서적 학대, 신체적 학대, 방임, 성적학대 순으로 발생하며 부모에 의한 학대가 가장 많다. 일반적으로 어머니에 의한 학대가 많이 보고되고 있으나 아버지에 의한 학대일 경우 더 잔인하고 충격적인 것으로 보고된다. 잘 드러나지 않는 아동학대를 평가하기 위해서는 위기개입자의 민감한 대처가 필요하다.

(1) 설명되지 않으며 설명할 수 없는 상처

• 부모가 상처의 원인에 대한 설명을 망설이거나 어떻게 다쳤는지 자세히 이야기 하는 것을 꺼리는 경우

• 부모가 아이의 상처에 대해 몰랐다고 말하는 경우

(2) 아이의 상처에 대한 부모의 설명 불일치 혹은 부모의 설명(한 쪽 또는 양쪽 부모)이 아이의 설명과 다른 경우

(3) 아이의 상처 종류와 보고된 사고의 불일치

- 부모는 아이가 의자에 걸려 넘어졌다고 말하지만, 아이의 몸에는 여러 군데 심한 타박상이 있는 경우 또는 벨트나 자로 때린 것처럼 가느다란 자국이 있는 경우

(4) 자해로 인한 의심스러운 상처

- 아기가 자는 동안 굴러 떨어져 팔이 부러졌다거나, 아이가 자기 학대경향이 있다거나 짜증을 내다가 스스로 다쳤다고 하는 경우
- 정서적 상처가 없는 아이들이 고의적으로 자해하는 경우는 드물다.

(5) 삼자에 의한 상처

- 형제·자매나 친구에 의해 상처가 생긴 것이라고 언급하는 경우
- 삼자에 의한 상처라고 하면서 구체적으로 지목하지 못하거나 꺼려하는 경우

(6) 상처에 대한 의학적 치료 지연

- 아이의 상처치료가 12~24시간 이상이 지연되는 경우

(7) 의심스럽고 반복되는 상처

- 설명하기 어려운 한 번 이상의 상처가 발생되는 경우
- 형제·자매가 비슷한 상처가 있는 경우
- 부모들은 사고를 잘 당하고, 다루기 힘들고, 거친 아이로 보고하는 경우

5) 가정의 안전성 평가

아동이 가정에 계속 있을 것인지 혹은 분리할 것인지, 분리되었던 아동이 집으로 돌아와도 되는 것인지에 대한 안전 여부를 결정하기 위해 다음과 같은 평가가 요구된다.

(1) 부모 중 한 명 혹은 두 명 모두가 학대 부모의 유형에 해당되는지 평가한다.

- 부모에게 학대받거나 방임되었던 경험이 있는가?
- 고립된 생활을 하거나 반대로 사회 적응이 뛰어난 사람들인가?
- 자녀들에게 요구하는 것이 적당하거나 혹은 부적당한가?
- 자녀 양육에 있어서 이성적이고 계획적인 방법을 알고 있는가?
- 자신과 아이들의 욕구 및 감정을 구분할 능력이 있는가?
- 효과적인 훈육능력이 있는가?
- 만약, 병리적 증상이 있다면 심리 평가 및 그에 대한 테스트가 고려되어야 한다.

(2) 자녀의 나이에 맞는 적절한 평가가 필요하며, 특히 생후 3개월에서 3년 사이에 있는 자녀의 경우 아동학대에 매우 취약하다.

- 양육에 있어서 돌봄이 가장 필요한 시기이며 가장 무력한 시기임을 인지해야 한다.
- 도움이나 조력을 구할 수 있는 나이에 있는 자녀에 비해 부모에게서 벗어나기 위한 어떤 도움도 요청할 수 없다.
- 유아기 자녀의 경우 다른 연령대 자녀보다 위험에 노출될 가능성이 더 높다. 그러므로 집에 있을 것인지 여부를 결정하기 위해 좀 더 보수적인 평가가 필요하다.

(3) 부모에 의해 까다롭거나 병약한 아이로 보고되는 경우 평가에 고려되어야 한다.

- 어떤 제약이나 핸디캡 때문에 부모에게 일반적이지 않은 요구를 하는가?
- 부모가 아이를 이상하다고 인식하는가?
- 이전에 학대가 있었는가?

- 과거에 다른 자녀가 집을 나간 적이 있었는가?
- 위와 같은 상황에서 변화를 위한 부모나 가족의 노력이 없었다면 주의가 필요하다.

(4) 부모의 적응적 심리 수준에 대한 평가가 요구된다.

- 부모 중 누군가의 학대가 만성적이거나, 경계선적이라면 아이의 분리를 고려해야 한다.
- 정신분열적인 경우, 그 자체로 부모의 자격을 의심해서는 안 되지만, 분리에 대해서는 고려해봐야 한다.
- 극심한 압력이나 스트레스 상황에서 순간적으로 통제감을 상실하는 것과 심각한 정신 병리에 의한 학대는 구분되어야 하고, 그에 따른 학대의 심각성과 유지기간이 중요하게 평가되어야 한다.

(5) 도움을 줄 수 있는 지지자원을 고려한다.

- 도움이 필요한 기간 동안 의지할 수 있는 친척이나 친구, 전문가 등 지지적인 네트워크를 가지고 있는가?
- 부모가 도움요청을 망설이거나 혹은 이들이 고립되어 있는가?

5. 개입할 때 고려사항

폭력이 발생하는 가정에 대한 평가 및 개입에는 다양하고 복잡한 임상적, 윤리적, 법률적 문제들이 제기될 수 있다. 가족이라는 형태의 밀착된 관계에서 발생하는 폭력은 극단적으로 양극화된 정서 상태를 만들며, 폭력에 관련된 사람들의 강한 정서는 가정폭력에 개입하는 위기개입자에게 영향을 미치게 된다. 하지만 가정폭력 위기개입자는 가족 구성원의 안전을 가장 우선시해야 하며 만약 학대가 의심되면 보고에 대한 의무를 가진다.

- 구두 및 서면동의서 사용
- 서면동의서에는 무엇이 평가되며 결과나 보고서가 누구에게 제공되는지 언급됨
- 전문가에 의한 중립적인 평가
- 폭력 및 학대가 의심되면 관련 기관이나 평가자에게 보고
- 정확한 평가를 위해 최초 작성된 자료(신고 자료)와 중립적인 정보(경찰 보고서, 보호기관 보고서, 의료기록 정보 등)에 대한 부가적 검토 필요성
- 임상적 개입에서 당사자의 증언능력 손상 및 오염시키거나 영향을 미칠 가능성 제외
- 해당 사건에 대해 어떤 이야기가 있었으며 누구와 먼저 논의했는지 등에 대해 문서화
- 복잡하거나 중요한 사례는 녹음을 하여 위기개입자가 증언에 영향을 미치거나 절충시켰다는 왜곡을 피함
- 증언에게 영향을 주지 않는 범위에서, 가족구성원이 사건의 실제 사실보다는 사건에 대해 어떻게 느끼는지에 집중하도록 개입

6. 개입

1) 위급한 상황이 아니라면, 피해 가족구성원의 욕구에 관심을 기울이고 우선순위와 가능성 여부 및 대안을 제시한다.

- 가족 구성원이 자신의 위기상황을 인식하지 못할 경우, 개입자의 민감한 판단이 요구됨
- 피해 가족구성원이 무엇을 도움 받을 수 있는지 모를 경우, 지원받을 수 있는 정보에 대해 충분히 설명함
- 의뢰기관에 대한 정보와 지원에 대한 정기적인 확인을 통해 불확실성에 대한 두려움을 상쇄시키도록 도움

2) 피해 가족구성원이 무엇을 해야 할지 혼란스러울 경우, 계속 머물 것인지 떠날 것인지를 우선 검토하도록 제안한다.

- 가장 중요한 것은 가족 구성원의 결정이며 그것을 존중하되, 최선의 선택이 되도록 충분한 정보와 대처기술을 제공함
- 각각의 선택에 대해 적절한 대안을 세울 수 있도록 도움

3) 피해 가족구성원이 자신의 선택을 결정하고 행동할 수 있도록 돕는다.

- 폭력에 대처한 성공 경험을 강화시키고, 상황에 대한 객관적인 생각과 능동적인 행동이 가능함을 인식시킴
- 자신의 욕구에 대한 이해를 도움
- 상황을 개선시키기 위한 노력 및 대안을 구체화시킴
- 위기개입자는 가정폭력에 대한 일반적이거나 개별적인 사항에 대해 이해하고 있어야 함
- 위기개입자는 피해 구성원을 판단하고 분석하기 보다는, 격려 및 보호하는 역할을 우선해야 함

7. 가정폭력의 위기개입 모델(SAFER-R Model)

1) 안정화(Stabilize)

(1) 자기소개

- 개입자의 소속, 역할 및 규칙에 대해 설명한다.

- "안녕하세요, 저는 ○○의 ○○○입니다. 이 시간을 통해서 ○○○님의 ○○에 도움을 드릴 것이며, ○○(시간) 동안 진행될 것입니다."

(2) 비밀보장

> • 비밀보장에 대한 약속 및 자살, 타인에 대한 살해, 폭행 등 위해를
> 가하는 일에 대해서는 보고의무를 고지한다.

• "오늘 나누는 이야기에 대해서는 비밀이 보장됩니다. 그러나 자살생각
이 있거나 다른 사람을 해칠 가능성이 있을 경우, 도움을 청하기 위해
비밀보장을 해 드릴 수 없습니다."

(3) 라포 형성

> • 위기개입은 시간 제한적이기 때문에 지지적인 태도와, 언어적·비
> 언어적 의사소통 방식을 효율적인 도구로 활용해야 한다.
> • 따뜻한 차를 권하거나 이완호흡 등을 통해 긴장완화를 도모할 수
> 있다.

• "힘드셨을 텐데 용기 내 주셔서 감사합니다. 편안한 마음으로 원하시
는 만큼 이야기해 주십시오."

2) 위기 인정하기(Acknowledge the crisis)

(1) 이야기 듣기

> • 기본적인 의사소통 기법을 활용하며, 사건에 대한 고통이나 정서
> 를 이야기할 수 있도록 기회를 제공한다. 그러나 외상경험을 촉진
> 시킬 위험이 있는 경우에는 정서 접촉에 주의해야 한다.
> • 피해 사실에 대한 기록은 피해자의 언어 그대로 기록한다.
> • 해당 사건에 대한 적절한 개입방향을 설정한다.

(2) 위험성 평가

- 반복적인 피해 가능성이 확인되면 피해 상황을 벗어나지 못하는 장애물을 확인한다.
- 현재 상해정도 및 폭력의 지속기간을 확인한다.
- 미성년 자녀의 유무 및 피해여부를 확인한다.
- 가해 가족구성원과의 분리가 필요하거나 신체적인 위험에 노출되어 있는 경우, 관련 기관에 연계해 쉼터 입소를 권유할 수 있다.

(3) 현재 기능평가

- 오랜 기간의 폭력피해로 무기력한 상태일 가능성에 대해 인지한다.
- 가족이 지지자원이 아닐 수도 있음을 인지한다.
- 사건에 대해 이야기하는 것은 피해 구성원이 혼란스러움 대신 인지능력을 사용하도록 도울 수 있다.

- "무슨 일이 일어났는지 이야기 해 주실 수 있을까요?"
- "최근의 폭력은 언제 일어났었나요?", "언제부터 폭력이 시작되었나요?", "주로 어떤 상황에서 폭력이 발생하나요?", "폭력이 발생할 때 어떤 방식으로 반응하시나요?", "치료가 필요한 상황이신가요?", "피해 사실에 대해 다른 사람에게 이야기하신 적 있으세요?"
- "이렇게 힘든 상황에서 자살생각을 한 적이 있으신가요?"
- "지금은 좀 어떤가요?"

3) 이해 촉진하기(Facilitate Understanding)

(1) 정상화

- 인지적 영역에 속하는 단계로 사건 및 그에 대한 증상 등 이전 단계에서 획득한 정보들에 적극적인 반응을 하게 된다.

- 이 단계에서는 심리적 과정에 대해 인지적 영역의 이해가 필요하다.
- 즉, 비정상적인 사건에 대한 피해자의 반응이 정상적인 것임을 지각하도록 돕는다.

- "가정폭력 피해를 입은 많은 분들이 우울감과 무기력감을 느낀다고 하는데, ○○님이 지금 경험하는 증상들은 일반적이며 정상적인 반응일 것으로 생각됩니다.", "지금 가장 힘든 부분은 어떤 것인지 말씀해 주시겠어요?"

4) 효과적인 대처 권장하기(Encourage Effective Coping)

- 가장 적극적인 개입이 이루어지는 단계로 행동기제를 적용하게 된다.
- 심리적·행동적 개입을 통해 정서표출, 문제해결 및 갈등해결 능력, 자기 효능감, 인지 재구조화, 스트레스 관리전략 등 다양한 측면에서 탐색하도록 돕는다.

(1) 욕구 및 자원 파악

- 사건에 대한 획일적인 접근이 아닌 개별성을 인식하고 피해 구성원의 정확한 욕구를 파악한다.
- 지지자원을 발굴하도록 돕는다.

- "어떤 도움이 필요하신가요?", "피해 사실에 대해 지금 알리게 된 특별한 이유가 있으신가요?", "지금 고통을 좀 가라앉히기 위해 어떤 것이 가능하시겠어요?"

(2) 대처방법 및 대안 탐색

- 지원 정보에 대해 정기적으로 확인하고 제공한다.
- 피해자의 욕구충족이 불가능할 경우 그 이유를 설명하고 합의된 대안을 탐색한다.
- 대처방법이나 대안 찾기가 어려운 경우, 최선의 선택을 하도록 다양한 정보를 제공한다.
- 전문적인 도움을 원하지 않는 경우 피해가 재발하지 않도록 갈등 상황에서 자리피하기, 가족과 이웃에게 피해사실 알리기, 비상가방 준비하기, 병원진료 받기 등의 정보를 제공한다.

- "지금까지 폭력상황을 벗어나기 위해 어떤 것을 시도해 보셨나요? 성공적이었던 경험과 그렇지 못했던 경험에 대해 이야기해 주시겠어요?"
- "○○님의 안전을 위해 ○○을 자극하거나 맞서는 상황은 피하셨으면 합니다.", "피해 사실을 남기는 것이 좋은데 경찰에 신고하시는 것도 기록으로 남기는 방법입니다."

5) 회복 및 의뢰(Recovery & Referral)

- 지속적인 도움을 받을 수 있도록 촉진하는 단계로 피해 구성원의 요청이 있거나 일상적인 생활에 문제가 있다고 판단될 때 실시한다.
- 의뢰하는 경우 당사자에게 충분히 설명하고 관련기관에 대한 정보를 문서로 제공한다.
- 진술을 반복하지 않도록 관련기관의 담당자에게 직접 연계해 피해 구성원의 불안을 가중시키지 않도록 한다.

- "저와 이야기 나눈 지금은 좀 어떤가요?", "궁금하거나 더 하고 싶은 이야기가 있나요?", "도움이 필요하시면 ○○의 ○○에(게) 요청하시면 됩니다. 원하시는 도움을 받으실 수 있도록 하겠습니다."

7-1. 가정폭력 위기개입의 실제

1) 가족구성원에 대한 폭력

초등학생 두 자녀를 둔 ○○ 씨는 결혼 초기부터 남편의 폭언과 폭행에 시달리고 있다. ○○ 씨의 남편은 평범한 직장인으로 별다른 문제없이 원만한 사회생활을 하고 있지만 집에서는 다른 사람처럼 돌변한다. 더욱이 술을 마시면 폭력적인 행동이 더 심해지며 ○○ 씨에게 요구하는 것들이 늘어나고 사사건건 탐탁지 않아 한다. 남편의 기분에 따라 폭력적인 상황이 일어나기 때문에 종잡을 수 없고 ○○ 씨는 늘 불안하다. 몇 번 대들어보기도 했으나 역부족이고 더 난폭해지는 남편 때문에 아이들이 겁먹거나 무서워하는 모습을 보면 마음이 아프다. 가출이나 이혼에 대해 생각 해봤지만 친정식구들에게 해코지를 할 것 같고 아이들과 나가서 살아갈 일이 막막하다. 아이들을 아빠 없는 이혼가정에서 자라게 하고 싶지 않고, 무엇보다 남편에게 맞설 용기가 없다. 아이들을 위해서라도 어떻게든 남편이 화를 내는 상황을 만들지 않으려고 노력하며 비위를 맞추고 있다.

그런데 요즘 들어 남편의 폭력이 점점 더 심해지고 아이들에게까지 욕을 하고 때릴 듯이 위협을 가한다. ○○ 씨는 자신이 맞는 것은 참겠지만 아이들이 위험에 빠지는 것은 참을 수 없다. 남편을 죽이고 싶을 정도로 증오하고 차라리 사고라도 나서 죽어버렸으면 좋겠다는 생각이 든다. 그동안 자신만 참으면 되겠거니 했지만 이제는 아이들을 위해서라도 어디든 도움을 구해봐야겠다는 마음이고 오늘 남편의 폭행으로 경찰에 신고를 했다.

(1) 안정화: S

- "안녕하세요, 저는 △△경찰서 △△경장입니다. 가정폭력으로 신고하셔서 왔습니다. 지금 말씀하실 수 있나요?"

가장 중요한 것은 피해자의 안전이기 때문에 가족 구성원 모두의 안전을 확보하기 위해 가해자와 분리가 우선되어야 한다.

• "그러시군요, 저는 이 시간을 통해서 ○○님에게 어떤 도움이 필요한지 어떻게 도와드릴 수 있는지 이야기를 나눌까 합니다. 오늘 나누는 이야기는 비밀보장 해 드리며, 다만 자신이나 타인을 해칠 가능성이 있거나, 법에 관련된 것은 비밀보장 해 드릴 수 없습니다. 지금 많이 힘들어 보이시는데 숨을 크게 한 번 들이쉬고 내쉬어 보시겠어요?"

(2) 위기 인정하기: A

어떤 일이 있었는지 이야기해 주실 수 있을까요? (○○의 이야기) 오늘도 남편의 폭행이 있었는데 치료가 필요하신가요? 주로 어떤 상황에서 폭력이 일어나며 그럴 때 ○○ 씨는 어떻게 대응하시나요? 남편의 폭력이 있을 때마다 힘드셨을 것 같은데 주변에 도움을 요청하거나 피해사실을 이야기해 보신 적 있으세요? (○○의 이야기) 말씀 들어보니 이런 상황이 꽤 오래전부터 있었는데 신고는 처음이시네요, 이번에 신고하신 어떤 계기가 있으셨어요? 남편에 대한 분노가 크시고 차라리 ○○ 씨가 죽든 남편이 죽었으면 좋겠다고 하셨어요. 실제 자살생각이나 남편을 죽이고 싶다는 생각을 하셨나요? 자살이나 살인에 대한 구체적인 생각이나 계획을 세우신 적은 있으신가요?

(3) 이해 촉진하기: F

가정폭력을 당하는 경우 많은 분들이 우울감이나 자신이 너무 무기력하다는 느낌을 갖게 된다고 합니다. 아무것도 할 수 없고 벗어날 수 없을 것 같아 절망스럽기도 하죠. ○○ 씨가 지금 경험하는 여러 증상들이 일반적이고 정상적인 반응들이라고 생각되고, 더욱이 자녀들이 위험한 상황에 놓이니 화도 많이 나고 두려우실 것 같습니다. 좀 더 이야기를 나누고 싶은데 괜찮으실까요?

(4) 효과적인 대처 권장하기: E

여러 가지 현실적인 문제들 때문에 당장 남편과 이혼을 생각하지는 않고 계시는 것 같은데 맞나요? (○○의 이야기) 그렇다면 우리가 남편의 폭력에서 보호받을 수 있는 방법들을 좀 논의해 봐야겠어요. 괜찮을까요? 이전에 폭력 상황에서 벗어나기 위해 어떤 것을 시도해 보셨어요? 그 대응으로 남편의 폭력이 줄거나 중단된 적이 있었는지 또는 더 심해졌던 경험은 어떤 것이 있었는지 말씀해 주시겠어요? ○○ 씨가 지금 힘든 부분을 좀 줄이기 위해 어떤 도움이 필요하신가요? (○○의 이야기) 네, 이후에도 오늘과 유사한 상황이 벌어질 수 있고, 그때 가장 중요한 것은 ○○ 씨와 아이들의 안전이니 남편을 자극하거나 맞서는 상황은 피하시고 주변에 도움을 요청하셨으면 합니다. 그리고 피해사실을 남기는 것이 좋은데 오늘처럼 저희에게 신고하시는 것도 방법입니다.

(5) 회복 및 의뢰: R

힘들고 지쳐계실 텐데 이렇게 이야기해 주셔서 감사합니다. 이야기 나눈 지금은 좀 어떠신가요? 궁금하거나 더 하고 싶은 이야기가 있으신가요? 도움이 필요하시면 원하시는 도움을 받으실 수 있도록 하겠습니다.

1366긴급센터, 가정폭력 상담소, 해바라기센터 등 보호기관에 대한 정보를 제공한다.

2) 아동학대

○○는 초등학교 3학년으로 토요일이나 일요일처럼 학교에 안 가는 날이 싫다. 다른 아이들은 학교보다 집이 좋다고 하는데 ○○는 차라리 학교에 가서 친구들이랑 노는 것이 더 낫다.

아빠는 어쩌다 일찍 들어오는 날이면 집이 지저분하다며 엄마와 싸우고 ○○에게도 화풀이를 한다. 아빠는 ○○에게 이것저것 시키기도 하고 가끔은 숙제를 봐주시기도 하는데 그때마다 제대로 못한다고 많이 때리거나 혼을 낸다. ○○는 아빠가 무섭다. 그래서 아빠가 시키는 일이나 숙제를 잘 하지 못하고 얼어버린다. 엄마는 ○○가 아빠에게 혼나는 걸 봐도 말려주지 않으며, 회사 일에 집안일이 힘들다고만 하고 ○○에게 무관심하다. 엄마가 늦게 들어오는 날 ○○는 종종 편의점에 가서 소시지나 삼각 김밥 같은 걸 사먹는데 그렇지 않은 날에도 엄마는 혼자 술을 마시며 ○○를 돌보지 않는다. 할머니가 가끔 오시면 ○○의 편을 들어주시고 맛있는 음식도 해주셔서 그런 날은 행복하다. 할머니가 오래 계셨으면 좋겠다는 생각이 든다.

어느 날 ○○의 담임 선생님이 ○○의 팔과 가슴에 멍이 든 것을 보고 상담 선생님에게 도움을 청했다.

(1) 안정화: S

○○야 안녕, 선생님은 우리 ○○를 처음 보는데 ○○는 선생님이 누군지 알겠어? 나는 상담선생님이야, 오늘 우리 ○○와 이야기 좀 하고 싶은데 괜찮아? 무슨 일일까 궁금하고 걱정하는 것 같은데 음…. 지금 이야기 하고 싶지 않으면 선생님이 기다려줄게. (○○가 이야기 하고자 함) ○○야 오늘 선생님하고 이야기 하는 건 아무에게도 말하지 않을 거야, 그렇지만 ○○가 위험하다고 생각되면 다른 사람에게 알릴거야 괜찮겠어? 이 간식 먹고 싶으면 먹어도 돼.

(2) 위기 인정하기: A

○○야 팔에 난 이 멍 아팠을 것 같은데 어떻게 해서 생긴 거야? 다른 곳에도 멍이 있는지 봐도 될까? (○○의 이야기) 아, 아빠가 화가 나서 그러셨구나, 이 멍은 언제 생긴 건지 이야기해 줄 수 있어? 아빠는 어떨 때 이렇게 ○○를 때리거나 혼내시는 거야? 엄마는 알고 계실까? ○○가 아빠에게 혼나고 이렇게 아플 때도 있다는 걸 아는 사람이 있을까? 아, 할머니는 ○○가 아빠에게 혼나는 걸 보시면 그러지 말라고 말려주시는구나.

부모에 의한 학대일 경우 부모와 분리되거나 추가 학대에 대한 두려움 등으로 아동이 그와 관련한 이야기를 한다는 것은 어려울 수 있다. 충분히 기다려주고 편안한 분위기를 유지하도록 노력해야 한다.

(3) 이해 촉진하기: F

○○야, 아빠에게 혼나고 맞을 때 어떤 마음이 들었는지(어땠는지) 생각나니? (○○의 이야기) 음 그래, 아프고 무서웠구나. 선생님도 ○○가 많이 아프고 무서웠을 것 같아. ○○가 잘못한 것도 아닌데 혼날 때는 화도 나고 억울하고 그랬구나. 엄마가 아빠한테 하지 말라고 하고 ○○를 안아주고 달래주면 좋았겠는데 그러지 않아서 슬프기도 하고. 할머니가 오시면 좋겠다는 생각이 들고 그랬겠다. ○○야 선생님이랑 이렇게 이야기하는 거 힘들지 않아? 아 그래 괜찮구나, 고마워 그러면 좀 더 이야기해도 될까?

(4) 효과적인 대처 권장하기: E

○○야, ○○가 아빠에게 맞거나, 엄마가 잘 돌봐주지 않으면 ○○가 계속 힘들어질 것 같은데 어때? ○○는 어떨 때가 제일 힘들어? 아빠에게 혼날 때나 엄마가 잘 돌봐주지 않을 때 ○○는 어떻게 했는지 생각나? (○○의 이야기) 아 그랬구나, 아무것도 못하고 다른 방법이 없었구나. 그런데 ○○야 만약에 아빠가 때리려고 하시면 옆집으로 가서 도와달라고 하거나 엄마에게 도와달라고 해보는 건 어떨까? 그리고 ○○ 핸드폰 갖고 있지? 선생님 생각에는 아빠가 화내실 것 같으면, 방으로 가거나 잠깐 나가서 할머니께 전화해서 오시거나 도와달라고 했으면 좋겠는데 어때? 전화번호(가정폭력관련기관, 상담실, 전문기관 번호 등) 입력해 줄게, 지금 입력한 전화번호로 도와달라고 연락해도 돼, 할 수 있겠어?

(5) 회복 및 의뢰: R

○○야 부모님에 대해 그리고 말하기 어려운 이야긴데 이렇게 선생님에게 말해줘서 고마워. 지금 좀 어때? 더 하고 싶은 이야기가 있으면 해 줄래? ○○야 지금 ○○에게 필요한 건 어떤 것이 있을까? (○○의 이야기) 선생님이 볼 때 ○○가 지금 힘든 상황에 있는 것 같거든, 몸의 상처에 대해서도 검사와 치료를 받았으면 좋겠어. 지금 선생님과 병원에 가서 치료 받고, 부모님과

도 만나서 ○○를 돕고 싶은데 괜찮겠어?

아동학대 피해 아동에 대한 위기개입 이후, 아동보호전문기관이나 수사
기관 등 아동학대 유관기관에 의뢰한다.

성 폭 력

1. 성폭력의 이해

1) 성폭력의 개념 및 정의

성폭력은 상호간 성행위 수준을 벗어난 힘과 폭력의 문제로 개인의 자발적 동의 없이 상대방 의사를 침해하는 행위를 말한다. 여기에는 강간, 성추행, 성희롱 등 신체적, 정신적, 언어적 폭력이 포함된다(조옥, 2000). 즉, 상대방의 성적 자기결정권이나 성적 자유를 침해해 일어나는 성행위 및 성적수치심, 모욕감을 주는 일체의 강제적 행위를 성폭력이라고 할 수 있다.

성적 자기결정권은 개인의 사생활 영역에서 자신의 자율적인 선택에 의해 성적욕구를 충족할 수 있는 권리로 적극적·소극적 성적 자기결정권으로 나뉜다. 적극적인 성적 자기결정권은 성생활에 대한 행위를 능동적으로 결정하게 되는데 그 범위가 주관적이고 포괄적인 개념을 포함하기 때문에 법적으로 구체화하거나 특정하기에는 어려움이 따른다. 소극적 성적 자기결정권은 원하지 않는 상황에서의 성관계는 거부할 자유를 가지며 성폭력 범죄의 기준이 된다(장응혁, 2015). 성폭력 가해자의 행위는 일반적인 의미의 성적 행동이 아니며, 도구화된 성을 통해 다른 사람을 상처 입히려는 충동에 의한다. 이들의 성적 흥분은 성욕보다는 피해자에게 수치심을 주거나 파괴시키고자 하는 욕구에서 비롯된다. 즉, 성적 행위 자체를 목적으로 하기 보다는 성이라는 방법을 통해 힘을 과시하거나 분노를 표출하려는 것으로 볼 수 있다. 성폭력은 성적 접촉의 형태, 관계, 연령 등이나 성적 행위의 강제성 여부 또는 성적 행위로 인한 피해 여부에 따라 다양하게 정의된다. 그러나 성폭력 관련법에서는 성폭력의 개념을 명확히 정의하지 않고 있으며 성폭력 범죄에 해당하는 항목을 나열하는 것으로 개념정의를 대신한다(정경자, 1993). 이는 성적 행위가 눈에 띄지 않는 사적 영역에서 이루어지고 그에 따른 성폭력이 개인에게 미치는 영향이나 피해 정도가 각기 다르기 때문이다.

2) 법적인 유형 분류

성폭력을 형법, 성폭력범죄의 처벌 및 피해자보호 등에 관한 법률, 아동 청소년의 성보호에 관한 법률 등에서 제시한 유형별로 분류하면 다음과 같다(박수희, 2006).

- 의존관계를 악용한 성행위(업무상위력에 의한 간음)
- 성적 자유를 침해하고 폭행 및 협박을 수단으로 하는 행위(강간, 유사강간, 준강간, 특수강간, 준강제추행, 강제추행, 미수범 등)
- 폭행 및 협박을 수반하지 않으며 성적으로 괴롭히는 음란행위(성적 폭언, 통신매체를 이용한 음란행위, 카메라 등을 이용한 촬영, 성적 목적을 위한 공공장소 침입행위 등)
- 미성년자에 대한 강간 및 강제추행(미성년자 간음 및 추행, 아동 포르노 노출 등)
- 친족관계에 의한 강간 등
- 장애인에 대한 강간 및 강제추행 등
- 사회적 법익에 관한 범죄 중 성 풍속에 관한 죄의 음행매개, 음화반포 등, 음화제조 등, 공연음란죄 등

2. 성폭력의 특성

성폭력은 피해자가 가지는 타인에 대한 기본적인 신뢰, 내적통합 및 유능감에 큰 영향을 미치며 신체적·정신적 영역을 파괴시킨다. 이로 인해 자신의 의지와 무관하게 개인이 기본적으로 느끼는 사적인 공간, 개인의 마지막 경계까지 침범당하는 위기에 놓이게 한다(Everstine et al., 2006). 즉 물리적으로 가까운 거리와 긴 접촉 시간 등 가해자에 의해 모든 신체감각이 침습됨으로써 외상 후 스트레스에 노출(장응혁, 2015)되고 자신의 전체성, 힘, 자기통제에 위협을 받는다. 성폭력 피해를 경험한 사람은 자신의 의사에 반하는 성적 경험을 폭력으로 인지하지 못 할 가능성이 있다. 이런 경우 피해자는 자신이 입은 피해에 대해 실제적인 도움을 받지 못하고 방치하거나 상대방에게 문제 제기 하는 대신 개인화함으로써 고통이 지속될 수 있다. 여전히 성차별을 용인하는 사회적 분위기에서는 강요된 성행위가 문제시되기 어렵거나 오히려 피해자를 비난하기 때문에 이들은 침묵을 강요받게 된다(안진이 역, 2017). 성폭력 피해자 중 1/3은 다른 사람에게 피해사실을 공개하지 않으며, 세 명 중 두 명은 사회복지서비스나 법 집행기관에 피해사실을 한 번도 신고하지 않는 것으로 나타난다(Hanson et al., 2003). 이와 같이 다른 유형의 폭력과 구별되는 성폭력의 특성을 보다 상세히 살펴보면 다음과 같다.

1) 힘에 의한 폭력이다

성폭력은 어떤 형태로든 힘을 더 가진 사람이 상대적으로 약한 사람에게 가하는 폭력이다. 사회구조 속에서 힘은 권력이 되고 통제를 위한 수단, 즉 사회적으로 우월한 위치에 있기 위한 방편으로 성적행위에 의한 통제가 이루어진다.

2) 사회적 성차별이 피해자를 억압한다

성폭력 피해자들을 의심하고 비난하는 사회 분위기는 피해자 자신의 법적 권리에 소극적인 접근을 하게 한다. 가부장적인 문화에서는 여성의 성적 자율권이 과소평가되고 성에 관한 차별적 편견이 내재한다.

성폭력에 대한 잘못된 인식은 남성의 성적 자유와 성적 강제행위를 암묵적으로 허용한다. 반면 여성에게는 순결을 기반으로 성폭력의 법적 사회적 의미를 부여하고, 이분화해 보호할 가치가 있는 여성과 그렇지 않은 여성으로 유형화한다. 이에 따라 순결을 상실했다는 성차별적 사회 분위기는 피해자를 비난하고 피해자도 스스로를 의심하고 비판하게 된다.

3) 성폭력은 대부분 아는 사람에 의해 발생한다

일반적으로 성폭력은 모르는 사람으로부터 폭행과 협박에 의해 피해를 당하는 것으로 생각한다. 하지만 많은 경우 가까운 사람에 의해 발생한다. 주변인에 의한 성폭력은 가해자의 전형적인 모습이 아닌 신뢰하거나 긍정적인 관계에 의해 발생한다는 것을 의미하기 때문에 피해자가 피해사실을 인정하기까지 상당한 시간이 걸린다. 또한 피해사실을 알릴 경우 가해자를 포함한 주변 다수와의 관계 단절을 의미하는 경우가 많아 도움요청을 어렵게 만드는 요인이 된다.

4) 2차 피해

피해자는 성폭력에 의한 직접적인 피해 이후 가족, 친구, 의료기관, 사법기관 등에 의해 고통과 불이익이 가중되기도 한다. 이것은 간접적인 피해로 성과 관련된 모욕감뿐 아니라 사생활을 침해당하는 등 일상에서도 상당한 피해가 유발된다(이윤용, 2014). 성폭력 피해자들이 오히려 피해를 유발한 조심하지 않은 사람이 되고 실제 입은 피해와 더불어 피해 경험을 지속적으로 기억하고 진술해야 하는 고통을 받는다.

5) 입증 책임이 피해자에게 있다

피해자는 성폭력에 대한 저항, 폭행 및 협박 여부를 모두 피해자 자신이 증명해야 하는 어려움이 있다. 즉, 심리적 압박감과 성폭력 사건 및 피해자의 특성에도 불구하고 사건에 대한 구체적이고 일관성 있는 진술을 요구받게 되는 것이다. 그러나 대부분의 성폭력은 목격자나 증거가 불충분한 경우가 많고, 만약 성관계 증거가 있어도 강제성, 거부의사, 저항 등의 대처반응을 입증하기는 어려운 부분이다.

3. 성폭력의 영향

1) 신체적 영향

성폭력 피해자의 신체적 피해는 질 손상, 처녀막 파열 등 산부인과 계통의 외상, 에이즈를 포함한 성병 감염, 의도하지 않은 임신, 낙태, 성기능 장애, 기타 상해 등 매우 다양하다. 그러나 피해자 모두 반드시 신체적 손상을 입는 것은 아니며 피해자의 1/2 혹은 2/3가 어떤 신체적 증상도 보이지 않는 것으로 보고된다(이미정, 2000).

2) 심리적 영향

피해자에게 발현되는 심리적인 증상은 개별성을 가지며 다양한 반응으로 나타난다. 피해자가 겪게 되는 폭행은 성적인 부분이지만 심각한 것은 신체적인 것보다 심리적 상처로 시간이 흘러도 지속적으로 악영향을 미친다는 것이다. 사건에 있어서 가해자를 멈추게 하지 못한 무력감은 타인과 상호작용하고 자신의 삶을 통제해 왔던 피해자의 자신감을 파괴시키며 삶의 혼란을 가중시킨다(Everstine et al., 2006).

심리적 증상과 어려움으로는 공포, 불안신경증, 분노, 죄의식, 수치심,

우울, 억울함, 절망감, 남성혐오, 순결에 대한 상실감, 복수심, 자살충동, 외상 후 스트레스 장애, 수면장애 등이 나타난다.

3) 사회적 부적응

성폭력 피해자는 대인관계 안에서 피해를 입기 때문에 타인에 대한 신뢰가 무너지고 안정된 관계를 형성하는 데 커다란 어려움을 겪는다. 특히 친밀한 사람에게 성폭력을 당하는 경우 자신의 믿음에 반하는 상황을 초래한 가해자에게 양가적인 감정을 가지게 된다. 또한 일상에서 철회함에 따라 스스로 사회적 고립을 선택하거나 대인관계에 어려움을 보이기도 하는 등 사회적 부적응을 초래한다.

4. 성폭력의 유형

1) 대상 연령별 유형

(1) 아동 성폭력

아동에게 가해지는 성폭력으로 만 13세 미만으로 한정하는데 이는 발달단계에 있는 대상이라는 점에서 일반 성폭력과 달리 분류한다. 피해 아동의 약 80%가 주변인에 의한 폭력을 보고하며 사건이 표면화되지 않으면 반복적으로 피해에 노출될 가능성이 높다. 성인 피해자 중 다수의 여성이 아동 성폭력 피해자로 성인이 된 이후에도 위험이 지속되는 것을 알 수 있다.

(2) 청소년 성폭력

청소년 성폭력은 강제적인 성적 행위가 청소년을 대상으로 하거나 청소년에 의해 이루어지는 것을 뜻한다. 만 13세 이상 19세 미만의 청소년에 한하며 이 시기에 성폭력의 가해 및 피해에 가장 많이 노출된다(한국성폭력상담소, 2017). 이들이 경험하는 성폭력은 윤간, 강도강간 등 특수강간의 비율이 높고 남성 피해자도 보고되는 것이 특징이다. 또한 다른 연령에 비해 친족 내 피해, 학교 구성원에 의한 피해, 데이트 상대에 의한 피해 비율이 높게 나타난다.

청소년 성폭력의 가장 두드러지는 특징은 학교에서 성폭력이 발생하는 경우, 집단 가해 형태로 이루어지며 이 경우 책임과 두려움이 분산될 수 있다는 안도감 내지는 공범의식이 있게 된다. 또한 가해에 반대할 경우 폭력 혹은 따돌림에 노출될 위험성 때문에 함께 가담하게 되고 집단 형태를 나타낸다. 청소년 성폭력의 경우 성폭력과 성관계의 경계가 명확하지 않기 때문에 성폭력을 애정이나 관심의 형태로 받아들여 자신의 성적의사 결정권과 무관한 성관계를 하게 될 가능성이 높다. 따라서 동의된 성관계 혹은 개방적이고 자발적인 성의식을 가진 것으로 왜곡돼서 피해자에 대한 비난이 가해지기도 한다(조현빈, 2006). 청소년 성폭력의 경우 어느 정도의 판단 능력과 방어 능력이 있다는 인식 등에 의해 적절한 개입이 이루어지지 않기도 한다.

(3) 성인 성폭력

만 19세 이상의 성인을 대상으로 하는 성폭력이기 때문에 주변뿐만 아니라 피해자 스스로도 자신의 탓이라고 자책하는 경우가 많다. 책임의 기준은 판단능력과 방어능력에 있으며, 피해 당시 저항이 불가했던 강력한 폭행과 협박 등을 증명하지 못하면 피해자로서의 정당한 권리를 주장하지 못하는 경우가 빈번하다.

2) 관계별 유형

(1) 모르는 사람에 의한 성폭력

모르는 사람에 의한 성폭력의 경우, 아는 사람에 의해 발생된 경우보다 관련 도움을 요청하거나 법적인 처벌 여부를 결정함에 있어서 갈등이 줄어든다.

(2) 친족 성폭력

사촌 이내의 혈족, 인척, 동거하는 친족에 의해 발생하는 폭력으로 사실상의 관계에 있는 친족까지 그 범위를 넓혀 포함한다. 친족 성폭력의 경우 피해자는 대부분 미성년자이거나 여성이고 가해자는 남자일 가능성이 높기 때문에 가족 내 힘과 권위를 이용한 통제수단으로 규정될 수 있다.

성폭력 피해자가 가족이나 친척으로부터 피해를 당하게 되면 배신감과 상실감이 크고, 빈번한 상호접촉으로 인해 지속적이고 상습적인 피해를 입게 된다. 성폭력 가해자가 친족일 경우 다른 가족구성원들이 사건을 인지하게 되면 충격과 혼란으로 사건 자체를 믿지 않거나 회피하고 거부하는 경우가 많게 된다. 또는 피해자를 돕거나 보호하지 못한 죄책감에 시달리기도 한다. 친족 성폭력의 경우 친부나 의부에 의한 가해가 가장 많고, 신고나 고소를 통해 법적 처벌을 받게 되는 일은 극히 드물다.

(3) 아내 성폭력

아내 성폭력은 배우자나 전 배우자에 의해 가해지는 성폭력을 의미한다. 이것은 결혼제도 내에서 성행위의 권리가 남편에게 있다는 것과 성행위를 배우자 폭력의 연속선에서 아내를 통제하고 가르치는 방식으로, 갈등에 대한 화해의 방식으로 인식하는 데서 비롯되는 폭력이다. 가까운 관계에서 발생되기 때문에 폭력에 대한 정당성 또는 수용 가능성에 대한 왜곡된 믿음이 바탕을 이룬다(Nayak et al., 2003; Fincham et al., 2008). 폭력에 대한 정당성은 어떤 상황에서는 상대방의 의사에 반하더라도 신체적·물리적 힘을 사용하는 것이 허용될 수 있다고 가정하는 것으로(Cote et al., 2006; Fincham et al., 2008; McDonell et al., 2010), 주변인에 대한 폭력이 일상화될 위험성을 가진다.

(4) 직장 내 성폭력

직장 내 성폭력은 고용관계에서 발생하는 강간, 유사강간, 강제추행, 추행, 성희롱을 모두 포함한다. 이 유형은 가해자가 직장 내의 지위와 신뢰관계를 이용한다는 점, 피해자에게 성폭력 피해뿐 아니라 고용상의 불이익이나 보복적인 인사 조치를 하거나 퇴직을 강요하게 된다는 것을 특징으로 한다. 그렇기 때문에 직장 내 성폭력은 피해자 개인의 육체적 정신적 고통의 문제와 더불어 노동권까지 박탈하는 범죄로 볼 수 있다.

(5) 데이트 성폭력

데이트 성폭력은 연인관계에 있거나 만난 적이 있는 관계, 맞선, 부킹, 채팅 등 데이트 관계로 발전할 가능성을 인정하고 만나는 관계까지 포함한다. 데이트 성폭력은 친밀한 관계에 있는 파트너에 의해 발생하며 구두 위협, 격리 및 비웃음 등을 비롯한 신체적·성적 측면에서 가해지는 폭력이다(Capaldi et al., 2009; Simpson et al., 2013), 피해 연령층은 20대가 다수를 차지하지만 10대, 30대, 40~50대의 다양한 연령층에서도 발생하고 있다. 폭력에 대한 수용도가 높을수록 데이트 성폭력에 대한 발생빈도나 강도가 높은 것으로 나타난다(Straus, 2004; Kelley et al., 2018).

통용되는 사회적 관념은 성폭력피해자가 숙박업소에 동행하거나 가해자의 집을 따라가거나 피해자 자신의 집 방문을 허락한 것 등에 대해서 성관계를 허용한 것으로 용인한다. 나아가 사법기관에서도 동의된 성관계로 보는 경향이 많고 데이트 관계라는 상황과 맞물려 법적 처벌이 어려운 경우가 빈번하다. 데이트 성폭력은 관계 특성상 상대방의 저항을 억제할 정도의 강제성이 잘 드러나지 않기 때문에 일반적인 성관계로 여겨지기 쉽다. 더욱이 관계 단절이 명확히 이루어지기 전까지 지속적이고 반복적인 피해를 입게 된다는데 그 심각성이 있다.

5. 성폭력 발생원인

1) 사회문화적 접근

사회문화적 인식에서 비롯되는 성적 불평등과 그에 따른 성차별적인 권력구조는 성폭력을 야기하는 가장 보편적인 원인으로 설명된다. 가부장제 사회에서 여성과 아동은 남성과 어른으로 대표되는 힘을 가진 대상에게 복종하고 순응하는 것을 당연한 것으로 여겼다(김규남, 2007).

더욱이 사회 경제적 참여 기회가 낮은 여성은 주로 가족과 성에서 자신의 정체성을 찾았다. 여기서 여성은 타자이며 성적 욕망의 대상일 뿐 주체가 될 수 없는 것이다(심영희, 1998). 따라서 남성은 상대적으로 약한 여성을 성적 대상물로 여기며 성폭력을 영웅시하거나 성과 관련된 문제들을 한 순간의 실수 정도로 치부하는 분위기가 용인될 수 있었고 정상화되었다. 이렇게 왜곡된 성문화에서 여성의 성은 상품화되고 신뢰와 책임이 뒤따르는 성은 소외되어 왔다.

그러나 사회변혁과 성의식이 증가함에 따라 성폭력이 인권의 문제, 성적 자기결정권에 대한 침해 문제로 재규정되면서 사회문제로 대두되었다.

2) 심리적 접근

심리적 접근에서의 성폭력은 잠재의식에 내재된 성적 호기심이나 남성의 발산욕구 등이 제도권 밖에서 발현되는 사회일탈현상으로 볼 수 있다. 이러한 관점에서는 성폭력 가해자의 자위행위에 의한 성적 흥분과 일탈된 성적공상의 결합을 성범죄의 전조이거나 징후로 본다.

가해자는 남성적 자기신뢰와 자신감이 결여되었을 가능성이 있기 때문에 성적 환상은 상대방에 대한 지배와 대상의 복종 혹은 대상에게 모욕을 주는데 집중하게 된다(김규남, 2007). 또한 가해자의 인지적 왜곡과 자기통제 결여는 여성과 아동의 성적 희생에 대해 정당성을 부여하며 자신의 강간성향과 결합시키게 된다. 성장과정에서 결함과 부정적 사회화 경험을 가진 이들은 타인과 상호관계가 어렵고, 성폭력이 피해자에게 미치게 될 악영향이나 피해자의 고통을 공유할 수 있는 이타적인 감정이 결여되어 있다.

6. 아동 성폭력

1) 아동 성폭력에 대한 접근 필요성

아동 성폭력의 경우 신체적·심리적 발달이 미성숙한 상태에서 폭력에 노출되기 때문에 성인 피해자에 비해 훨씬 심각하고 만성적인 피해를 입게 된다. 피해 아동을 포함한 그 가족에게도 평생 후유증을 안기며 해당 아동은 일반적인 삶에서 일탈되는 경향을 보일 수도 있다. 더욱이 성폭력이 아동의 정서적·행동적인 문제의 위험요인이며 심리사회적 손상을 초래함에도 불구하고 피해사실이 외부에 알려지지 않거나 뒤늦게 알려지는 경우가 많다는 것을 고려하면, 실제 아동 성폭력 발생 비율은 훨씬 더 높을 것이다(Broman-Fulks et al., 2007).

우리나라의 경우에도 최근 아동 성폭력이 큰 폭의 증가 추세에 있기 때문에 사회적인 관심이 매우 높다. 2015년 기준 성폭력 상담소를 이용한 피해자 중 아동·청소년 피해자는 전체 피해자의 32.3%를 차지하고 있으며(임정현, 2017), 성폭력 피해 연령이 점점 낮아지는 추세이다. 아동 성폭력은 대부분 아는 사람에 의한 피해이며 그중에서도 친족에 의한 피해가 다수를 차지하기 때문에 피해사실을 말하기 어려운 환경에 처하게 된다. 더욱이 성폭력을 인지하지 못하거나 죄책감, 수치심, 주위에 알리지 못하도록 협박을 받거나 자신이 성폭력 피해 사실을 밝힐 경우 주변인이나 가족의 관계가 파행을 겪을 수 있다는 등의 이유로 성폭력 피해를 알리지 못 하거나 지연해서 알리게 된다. 또한 주변인이나 가족이 아동의 성폭력피해 사실을 알게 되더라도 성폭력에 대한 부정적인 사회인식으로 인해 피해를 숨기는 경우가 많다. 따라서 성폭력 피해는 일회성에 그치지 않고 아동은 지속적이고 반복적으로 고통을 당하게 된다(임광빈, 2011).

그러나 다른 연령층에 비해 언어적 기능이 미숙한 아동 피해자의 경우 성폭력 피해사실에 대한 자발적 보고가 더욱 어려운 실정이다. 피해 사실의 신고나 알림이 늦어질수록 성폭력은 반복적이고 강화되며 후유증도 중증화되는 경향을 보이기 때문에 더욱 심각하다(한정수 등, 2015). 또한 아동 성폭력 피해는 성인기의 우울감, 불안, 고립감, 낮은 자존감, 자해 및 자살 등의 자기 손상적인 행동, 약물 남용, 성폭력에 의해 다시 피해를 입게 되는 등 장기적인 영향(Buckle et al., 2005)과 피해자의 인생 전반에 악영향을 미치며 부적응적인 상황을 야기하는(Negriff et al., 2014) 매우 심각한 폭력이다.

아동에 대한 폭력이 증가하고 있지만 이에 대한 대처는 부적절한 실정이다. 성인 피해자에게 성폭력 원인을 돌리는 것과 유사하게, 주위의 다수는 아동을 믿을 수 없거나 품행이 나빴기 때문이라고 생각 한다. 일부 사람들은 아동 피해자의 심리적 안녕 보다 폭행을 초래함에 있어서 아동의 역할이나 아동이 사실을 말하고 있는지에 관심을 더 보이기도 한다. 또한 아동 성학대의 구체적인 내용이 대부분 충격적이고 불쾌하기 때문에 대다수 어른들은 무의식적으로 회피하거나 무시하고 싶어진다. 이와 같은 아동성폭력 피해에 대한 불신은 피해자인 아동의 절망감과 공포를 조장하고 사건을 숨기는 데 일조하는 부작용을 일으킨다.

가해자는 아동이 도발적이고 유혹적이었거나 나이에 비해 성숙했다는 주장으로 책임을 회피하거나 변명한다. 그러나 만약 아동이 성적으로 부적절하게 행동했을지라도 아동은 실제 그 행동이 어떤 결과를 가질지 예측할 수 없고 이해하지 못한다. 대부분의 아동은 단지 어른으로부터 인정이나 애정을 구하고 있을 뿐이다. 그런 상황에서 가장 중요한 것은 자기통제이며 이는 어른의 책임이기 때문에 아동에게 책임을 전가해서는 안 된다(Everstine et al., 2006).

2) 아동 성폭력의 정의

세계보건기구는 아동 성폭력에 대해 아래와 같은 전제의 성적활동에 아동이 노출되었을 때라고 정의한다.
- 아동이 충분히 이해되지 않은 상태
- 성행위에 대해 동의를 표현할 수 없는 상황
- 성행위를 동의할 만큼 충분히 발달하지 않은 상태
- 불법적이고 사회적으로 금기시 되는 상황

3) 아동 성폭력의 유형

- 성기삽입
- 구강, 항문 등 신체의 일부나 도구를 이용한 유사 성교행위
- 신체의 전부 혹은 일부 접촉, 노출하는 행위로 성적 수치심이나 혐오감

을 일으키는 행위
- 자위행위를 하도록 유도하거나 보여주는 행위
- 아동을 이용해 음란물을 제작하는 행위
- 아동에게 음란물을 보여주는 행위
- 전화, 우편, 그 외 통신매체를 이용해 성적 수치심이나 혐오감을 일으키는 말, 음향, 글, 그림, 영상을 보여주는 행위
- 매매행위
- 성을 사기 위해 아동을 유인하거나 성을 팔도록 권하는 행위

4) 아동 성폭력의 영향

성폭력을 당한 아동은 그에 대한 반응으로 두 가지 양상을 보인다. 하나는, 지연 혹은 침묵하는 것으로 약간 울적한 모습을 보이거나 아무렇지 않은 것처럼 행동하는데 이런 아동은 사건이 신고된 뒤 이런 모습에서 벗어나기도 한다. 또 다른 반응은 성폭행 직후 명백한 증상을 나타내는 것인데 일상에서 여러 가지 부적응적인 변화를 보인다. 그러나 성폭력 피해에 대한 증상과 고통은 사건 자체의 특성 외에 피해아동을 둘러싼 주위 반응, 평가, 대처에 따라 그 결과가 달라질 수 있다(Fitzgerald et al., 2007; Yancey et al., 2010; 이유진 등, 2013; 임정현, 2017)는 것을 정확하게 이해하는 것이 아동 성폭력위기개입에서 매우 중요하다.

(1) 피해 증상

신체적 측면의 영향은 처녀막 파열, 요로 감염, 회음부 출혈 및 상처, 성병 등의 문제, 폭력이 동반되는 경우에는 상해를 보고한다(Martin et al., 2010). 심리·정서적인 측면에서는 두통, 섭식장애, 불안, 외상 후 스트레스 장애, 해리, 자해, 낮은 자존감 등(Fergusson et al., 2013)을 보고한다. 그 외에 소문에 대한 두려움으로 인한 학업 중단, 사회적 고립감 및 낙인에 대한 두려움, 성폭력 피해 이후 남과 다르다는 생각, 과도한 성적 호기심이나 자위행위 및 성에 대한 극단적인 철회, 성기 노출 등 부적절한 성적 행동들이 있다.

아동 성폭력 피해자들이 나타낼 수 있는 일반적인 증상은 다음과 같다.

- 성격 및 행동의 갑작스럽거나 점차적인 변화
- 악몽을 포함한 수면문제
- 우울
- 친구나 가족으로부터의 철회
- 성적인 유혹
- 나이와 맞지 않는 노골적인 성 행동
- 다른 아동, 성인, 장난감 혹은 동물을 대상으로 한 성적 행동
- 자신의 몸에 뭔가 문제가 있다는 표현
- 자신의 몸이 더럽거나 손상되거나 성기 부분을 다쳤다고 함
- 등교 혹은 일상적인 활동 거부
- 비행이나 다른 품행 문제
- 비밀스러움
- 그림에 성적인 표현
- 평소답지 않거나 이상한 행동
- 위험추구 혹은 자기 파괴적 행동
- 자살에 대한 이야기
- 이유를 알 수 없는 울음 또는 침울함

(2) 증상에 영향을 미치는 요인

아동이 경험하는 외상 후 스트레스 정도는 신체적 폭행 정도와 더불어 사건과 관련된 폭력이나 공포의 정도와 상관관계를 가진다. 이때, 부모와 중요 타인들이 어떻게 반응하는지가 성폭력 외상에서 아동이 어느 정도로 회복될 것인지에 가장 중요한 역할을 하게 된다. 즉, 사건에 직면해야 하는 부모 자신의 두려움으로 인해 사건을 회피하거나 조급하게 반응하기 보다는, 일정한 관심과 애정을 보여줄수록 피해 아동의 회복력이 높아지게 된다.

성폭력 피해를 경험한 아동들이 나타낼 수 있는 심리적 후유증은 다음

요소들에 의해 영향을 받는다.

(가) 피해자의 나이

어린 나이 일수록 외상에 더 압도당하며 영구 손상에 취약하다.

(나) 피해자의 정서적 성숙

정서적 문제가 있었던 경우, 부가적인 문제를 경험할 가능성이 높고 그것에 대한 어려움은 더 오래 지속된다.

(다) 폭행의 유형

아동이 경험한 폭력의 양은 외상 정도와 정적 상관관계가 있다.

(라) 성 학대와 관련한 정서적 조종

성 학대와 함께 정서적으로 조종당하는 아동의 외상이 더 오랜 기간 지속된다.

(마) 반복된 폭행

반복된 폭행은 단일한 폭행보다 심리적 손상에 더 위험하다.

(바) 가해자와의 관계

아는 사람에 의한 성폭력이 낯선 사람에 의한 것 보다 손상을 더 지속시킬 수 있다.

(사) 타인의 반응

부모, 친구, 선생님, 경찰 등 주변인들의 부정적인 반응이 영구적인 손상에 기여할 수 있다.

(아) 치료 및 지원

치료를 받지 않는 아동보다 개입이 이루어지는 아동의 경우에 온전한 회복 가능성이 크다.

7. 성폭력의 위기개입 모델(SAFER-R Model)

1) 안정화(Stabilize)

(1) 자기소개

> • 개입자의 소속, 역할 및 규칙에 대해 설명한다.

• "안녕하세요, 저는 ○○의 ○○○입니다. 이 시간을 통해서 ○○○님의 ○○에 도움을 드릴 것이며, ○○(시간) 동안 진행될 것입니다."

(2) 비밀보장

> • 비밀보장에 대한 약속 및 자살, 타인에 대한 살해, 폭행 등 위해를 가하는 일에 대해서는 보고의무를 고지한다.

• "오늘 나누는 이야기에 대해서는 비밀이 보장됩니다. 그러나 자살생각이 있거나 다른 사람을 해칠 가능성이 있을 경우, 도움을 청하기 위해 비밀보장을 해 드릴 수 없습니다."

(3) 라포 형성

> • 위기개입은 시간 제한적이기 때문에 지지적인 태도와, 언어적·비언어적 의사소통 방식을 효율적인 도구로 활용해야 한다.
> • 따뜻한 차를 권하거나 이완호흡 등을 통해 긴장완화를 도모할 수 있다.
> • 자신의 피해를 알리고자 한 용기를 지지한다.
> • 많은 시간을 고민한 끝에 이야기하는 것이기 때문에 그에 대한 인식과 기다림이 필요하다.
> • 2차 피해 가능성을 제거하기 위해, 자신의 편견이나 사회적 통념에

대해 점검한다.

- "힘드셨을 텐데 용기 내 주셔서 감사합니다. 편안한 마음으로 원하시는 만큼 이야기해 주십시오."
- "많은 시간 고민하셨을 텐데 이렇게 용기를 내 주셔서 고맙습니다."
- "편하게 생각하시고 준비되시면 이야기해 주세요, 그때까지 기다리겠습니다."

2) 위기 인정하기(Acknowledge the crisis)

(1) 이야기 듣기

- 기본적인 의사소통 기법을 활용하며, 사건에 대한 고통이나 정서를 이야기 할 수 있도록 기회를 제공한다. 그러나 외상경험을 촉진시킬 위험이 있는 경우에는 정서 접촉에 주의해야 한다.
- 피해 사실에 대한 기록은 당사자의 언어 그대로 기록한다.
- 해당 사건에 대한 적절한 개입방향을 설정한다.

(2) 위험성 평가

- 반복적인 피해 가능성이 확인되면 피해 상황을 벗어나지 못하는 장애물을 확인한다.
- 현재 상해정도 및 성폭력의 지속기간을 확인한다.
- 가해자에 대한 정보를 파악한다.

(3) 현재 기능평가

- 성폭력 피해로 인한 기능저하가 있는지 살핀다.
- 가족이 지지자원이 아닐 수도 있음을 인지한다.
- 사건에 대해 이야기하도록 하는 것은 피해자에게 혼란스러움 대신 인지능력을 사용하도록 도울 수 있다.

- "괜찮으시면 그 일에 대해 조금 더 이야기해 주실 수 있으신가요?"
- "그 사건이 언제 일어났나요?", "지금 진료나 치료가 필요한 상태이신가요?", "그 사람과 현재 어떻게 지내고 계세요?", "임신여부는 확인해 보셨어요?"
- "하루 일과를 어떻게 보내고 계세요?"
- "피해 사실에 대해 다른 사람에게 이야기해 보신 적 있으세요?"
- "주변에서 오히려 내 탓을 할 때 세상에 혼자 있는 기분이셨을 것 같고 더 힘드셨겠어요, 어떠세요?"
- "말씀을 들으니 상대에 대해 두려움과 배신감, 자책감이 느껴져 힘드셨을 것 같습니다. 이렇게 힘든 상황에서 자살생각을 한 적은 있으신지요?"
- "지금은 좀 어떠신가요?"

3) 이해 촉진하기(Facilitate Understanding)

(1) 정상화

- 인지적 영역에 속하는 단계로 사건 및 그에 대한 증상 등 이전 단계에서 획득한 정보들에 적극적인 반응을 하게 된다.
- 이 단계에서는 심리적 과정에 대해 인지적 영역의 이해가 필요하다.
- 비정상적인 사건에 대한 피해자의 반응이 정상적인 것임을 지각하도록 돕는다.
- 피해자가 특히 걱정하고 있는 부분 및 사회적 통념과 편견을 확인하고 왜곡된 신념을 점검하도록 적절한 지지를 제공한다.
- 가족이나 주변 사람들에게 피해자가 경험하는 정서 상태의 특수성을 인식시키고, 피해자에게 말하도록 강요해서는 안 된다는 것을 이해시킨다.
- 사건에 대해 구체적인 서술을 강요하지 않을 때, 더 개방적인 보고가 이루어질 수 있음을 인식한다.

- "성폭력 피해를 입은 많은 분들이 수치심과 죄책감, 무기력감을 느낀다고 하는데, ○○님이 지금 경험하는 반응들은 일반적이며 정상적인 것으로 생각됩니다."
- "내가 조심하지 못하고 제대로 저항하지 못해서 그 일이 일어났다고 생각하는 경우가 많은데 ○○님의 잘못이 아닙니다."
- "○○님이 무엇을 했든 하지 않았든 그것이 성폭력을 허락한다는 뜻은 아니니 자책하지 않으셨으면 좋겠어요."
- "지금 가장 힘든 부분은 어떤 것인지 말씀해 주시겠어요?"

4) 효과적인 대처 권장하기(Encourage Effective Coping)

- 가장 적극적인 개입이 이루어지는 단계로 행동기제를 적용하게 된다.
- 심리적·행동적 개입을 통해 정서표출, 문제해결 및 갈등해결 능력, 자기 효능감, 인지 재구조화, 스트레스 관리전략 등 다양한 측면에서 탐색하도록 돕는다.

(1) 욕구 및 자원 파악

- 사건에 대한 획일적인 접근이 아닌 개별성을 인식하고 피해자의 정확한 욕구를 파악한다.
- 지지자원을 발굴하도록 돕는다.
- 법적 처벌을 결정한 경우 충분한 검토와 심리적 준비가 필요하다.

- "어떤 도움이 필요하신가요?"
- "피해 사실에 대해 지금 알리게 된 특별한 이유가 있으신가요?"
- "지금 고통을 좀 가라앉히기 위해 어떤 것을 하는 것이 가능하시겠어요?"

(2) 대처방법 및 대안 탐색

- 지원 정보에 대해 정기적으로 확인하고 제공한다.
- 피해자의 욕구충족이 불가능할 경우 그 이유를 설명하고 합의된 대안을 탐색한다.
- 대처방법이나 대안 찾기가 어려운 경우, 최선의 선택을 하도록 다양한 정보를 제공한다.
- 전문적인 도움을 원하지 않는 경우 피해가 재발하지 않도록 관련된 정보와 교육을 제공한다.

- 지금 겪고 계신 어려움에 대해 대안을 생각해 볼 수 있을까요?"
- "가해자와 ○○님이 직접 연락을 취하시는 방법은 권하지 않습니다."
- "가해자가 사과를 한다면 이를 문서화하거나 기록을 남기시는 것이 좋습니다."

5) 회복 및 의뢰(Recovery & Referral)

- 지속적인 도움을 받을 수 있도록 촉진하는 단계로 피해자의 요청이 있거나 일상적인 생활에 문제가 있다고 판단될 때 실시한다.
- 의뢰하는 경우 당사자에게 충분히 설명하고 관련기관에 대한 정보를 문서로 제공한다.
- 진술을 반복하지 않도록 관련기관의 담당자에게 직접 연계해서 피해자의 불안을 가중시키지 않도록 한다.
- 강간 사건의 경우 사건 발생 72시간이 경과하지 않았다면, 즉시 관련기관에 연계한다(진술오염 방지, 증거물 보존, 치료 및 진료 등의 지원).
- 성폭력 사건은 단회 개입으로 종결되지 않음을 인식한다.

- "저와 이야기 나눈 지금은 좀 어떠세요?"
- "지금 어려움이 금방 해결되지는 않더라도 용기 내시고 원하시는 결과

가 있으시길 바랍니다. 궁금하거나 더 하고 싶은 이야기가 있으신가
요?"

• "도움이 필요하시면 ○○의 ○○에 요청하시면 됩니다. 원하시는 도움
을 받으실 수 있도록 하겠습니다."

7-1. 성폭력 위기개입의 실제

1) 성인 성폭력

> ○○는 사귀던 남자친구에게 헤어지자고 한 이후 고통스러운 날을 보내고 있다. 만나
> 주지 않으면 죽어버리겠다고 격분하던 남자친구의 협박에 못 이겨 마지막으로 만난 날,
> 남자친구는 ○○를 자신의 집에 감금하고 강간했다. 평소에도 남자친구는 자신의 마음
> 에 들지 않으면 때와 장소를 불문하고 구타를 했고 이후엔 성관계를 원했다. 그럴 때마
> 다 ○○는 전혀 존중받는 느낌을 받지 못하고 그 상황에 아무 것도 할 수 없는 자신이
> 수치스러웠다. 같이 지내며 남자친구를 일단 안심시킨 ○○는 자신의 집으로 돌아올 수
> 있었고 남자친구의 연락을 피하고 있다.
> 그런데 남자친구는 다시 만나주지 않으면 둘의 성관계 동영상을 온라인에 유포하겠다
> 고 협박하며 ○○의 알몸사진을 보내왔다. 성관계 모습을 간직하고 싶다는 남자친구의
> 의견에 동의한 것은 서로 사랑하기 때문인데 지금에 와서는 너무 후회된다. 당장 헤어
> 지고 싶지만 자신의 동영상이나 사진이 유포될까봐 두렵다. 만약 그렇게 된다면 얼굴을
> 들고 다닐 수 없을 것 같고 어떻게 해야 할지 혼란스럽다. 신고해서 일을 크게 만들고
> 싶지는 않지만 도움이 절실하다.

(1) 안정화: S

안녕하세요, 저는 △△의 △△입니다. 긴장되시는 것 같은데 차 한 잔 드
시겠어요? 지금 겪고 있는 어려움에 대해 말씀하실 수 있으신가요? (○○의
이야기) 네, 많은 시간 고민하셨을 텐데 이렇게 용기 내 주셔서 감사합니다.
천천히 편안하게 말씀하시면 되고, 저는 ○○ 씨가 이 상황에서 벗어날 수 있
도록 돕기 위해 노력할 것입니다. 그러나 만약 ○○ 씨가 자신이나 다른 사람
을 해칠 가능성이 있거나 법에 관련된 일이 있다면 그 부분은 비밀보장을 해

드릴 수 없습니다.

(2) 위기 인정하기: A

어떤 일이 있었는지 이야기해 주시면 좋겠는데 가능하실까요? (○○의 이야기) 그 일이 언제 일어났나요? 강압적인 성관계가 있었는데 지금 어떠세요, 병원진료나 치료가 필요한 상태인가요? 임신여부는 확인해 보셨어요? 남자친구로 인해 고통을 당하실 때 주변에 알리거나 도움 받은 적이 있으세요? (○○의 이야기) 말씀 들어보니 지금 이러지도 못하고 저러지도 못하는 상황이라 더 힘드시겠어요. 남자친구가 무섭고 동영상이나 사진이 유포될까봐 걱정된다고 하셨는데, ○○ 씨가 할 수 있는 게 아무것도 없다고 느끼고. 이런 것들에서 벗어나기 위해 자살생각을 하신 적이 있나요?

(3) 이해 촉진하기: F

○○ 씨는 지금 동영상을 남긴 일이라든지 성폭행을 당한 일이 본인의 잘 못처럼 느껴지시고 아무에게도 말하지 못할 만큼 부끄러운 일이라고 생각하시네요. 지금 굉장히 괴로워하고 계시는데 잠시 쉬었다가 말씀하시겠어요? 성폭력 피해를 입은 많은 분들이 ○○ 씨와 유사한 경험을 합니다. 그런 경우 수치심이나 자책 그리고 무기력감, 우울감 같은 것을 느낄 수 있습니다. ○○ 씨가 지금 경험하는 증상들과 괴로움은 정상적인 것으로 생각됩니다. 그렇지만 ○○ 씨가 어떤 경우에든 성폭력을 허락했다는 것은 아니니 자책하지 않으셨으면 좋겠습니다. 지금 ○○ 씨에게 가장 힘든 부분은 어떤 것인지 말씀해 주시겠어요?

(4) 효과적인 대처 권장하기: E

○○ 씨는 지금 남자친구를 만나는 것도 두렵고 동영상이나 사진이 다른 사람들에게 알려질까봐 걱정이시군요. 그 외에 다른 것이 있을까요? 피해 사실에 대해 지금 알리게 된 특별한 이유가 있으신가요? 지금 고통을 좀 가라앉히기 위해 어떤 것을 할 수 있나요?

남자친구가 어떤 것에 긍정적이거나 부정적인 반응을 하는지 알고 어떻게 대처했는지 궁금한데 천천히 생각한 후 말씀해 주세요. 이전에 남자친구의 구타나 강압적인 성관계 상황에 놓일 때, ○○ 씨의 대처로 그 상황이 무마된 적인 있으신가요? 있으면 어떤 방법을 쓰셨어요? 혹은 상황이 더 악화된 적이 있다면 그때는 어떤 반응을 보이셨는지 기억나시면 말씀해 주시겠어요?

○○ 씨가 지금 남자친구를 신고하기 어려운 것은 보복이 두렵고 처벌을 받게 될지 확신할 수 없기 때문이라고 하시는 것 같은데 그런가요? ○○ 씨가 좀 더 구체적인 도움을 받기 위해서는 그동안 남자친구와 주고받은 문자나 SNS, 사진 등을 기록으로 남기시는 것도 방법입니다. 이후에 연락이 오더라도 직접적인 접촉은 피하시고, 지금 힘드시겠지만 다른 대안에 대해 생각해 보는 것도 좋을 것 같아요.

(5) 회복 및 의뢰: R

여러 가지 힘들고 고통스러운 상황에서도 이렇게 이야기 하고 용기 내주셔서 감사합니다. ○○ 씨가 혼자 감당하기에는 힘든 부분이 있을 것 같은데 주변에 ○○ 씨를 이해하고 도울 수 있는 사람이 있나요? 저와 이야기 나눈 지금은 어떠세요? 지금 어려움이 금방 해결되지는 않더라도 힘내시고 원하시는 결과를 얻으셨으면 좋겠어요. 궁금하시거나 더 하고 싶은 이야기가 있으신가요? ○○ 씨가 좀 더 전문적이고 지속적인 도움이 필요하시면 관련 기관에 의뢰해 도움을 받으실 수 있도록 하겠습니다.

만약 다른 기관에 의뢰되는 것이 불편하시면 제가 기본적인 사항에 대해 말씀드리고 싶은데 어떠신가요?

성폭행 당시 입고 있던 옷이나 소지품이 있다면 종이봉투에 보관하세요. 경우에 따라 성폭행 직후라면 72시간 안에 병원에 가서 남자친구의 정액이나 음모 등을 채취하시고 임신이나 성병 감염 여부에 대한 검사와 응급 피임처방을 하셔야 합니다. 그리고 혹시 다친 곳이 있으면 그 부위와 전신사진을 찍고, 병원에 가서 치료를 받으세요. 그때 병원의 진단서나 의사 소견서를 받아서 증거로 남기시는 방법들이 있으니 참고하셨으면 합니다.

이와 관련하여 한국성폭력 상담소, 한국여성의 전화, 다누리콜센터, 여성긴급전화, 한국여성민우회, 대한법률구조공단, 해바라기셈터 등 관련기관에 대한 정보를 제공한다.

2) 청소년 성폭력

고등학생인 ○○는 최근 같은 반 몇몇 아이들의 이유 없는 신체접촉이 신경이 쓰이고 기분 나쁘다. 복도에서 마주치면 일부러 옆에 바짝 붙어 몸을 스치며 지나가고, 불필요하게 몸을 터치한다.

○○는 같은 학교 △△에게 관심이 있었고, 그걸 알게 된 △△와 따로 만나 영화도 보고 점심도 먹고 즐거운 시간을 보냈다. 그날, △△와 키스를 했고 이 아이도 자신을 좋아한다고 생각한 ○○는 무척 기쁜 마음으로 헤어졌다. 그날 이후 △△ 친구들의 행동이 이상해졌고 △△와 친구들은 자기들끼리 낄낄거리며 ○○를 비웃을 때가 많다. ○○는 어떻게 해야 할지 잘 모르겠다. △△를 만난 게 후회되고 그날 모든 행동이 부끄럽고 자신의 잘못 같은 생각이 든다. 이로 인해 ○○는 점점 혼자 있는 시간이 늘어나고 말수도 줄고 있다. 시간을 되돌릴 수 있으면 좋겠다는 생각을 한다. TV에서 성폭행 당한 뒤 자살한 아이에 대한 뉴스를 봤는데, 그 아이의 마음이 너무 잘 이해된다. ○○의 변화를 눈치 챈 친구 ◇◇는 ○○를 설득해 도움을 받기로 한다.

(1) 안정화: S

안녕, 만나게 돼서 반가워. 나는 □□의 □□야, 요즘 ○○가 힘들어 하는 것 같다고 ◇◇가 걱정하던데 이야기 좀 나눌 수 있을까? 지금 어떤 어려움을 겪고 있는지 말해주면 좋겠는데 괜찮겠어? (○○의 이야기) 나는 ○○를 돕기 위해 노력할 거야 그래서 오늘 우리가 나누는 이야기에 대해서는 절대로 비밀을 지킬 거고. 그렇지만 ○○가 ○○ 스스로를 해치거나 다른 사람을 해치는 일, 또는 법과 관련된 일에 대해서는 비밀보장을 할 수 없어. 괜찮겠지? 말하고 싶을 때 원하는 만큼 편안하게 이야기하면 돼, 물이나 다른 걸 좀 줄까?

(2) 위기 인정하기: A

○○가 지금 힘든 것은 무슨 일 때문인지 이야기 해 줄래? (○○의 이야기) 그래 △△를 만나 어떤 일이 있었고 언제 있었던 일인지 말해 줄 수 있겠어? △△의 친구들이 괴롭히는 건 언제부터인지 기억해? ○○가 그 일로 힘들잖아, ◇◇ 외에 다른 사람에게 이야기하거나 도와달라고 한 적 있어? 말하지 못했다면 이유가 있을까? 오늘 ◇◇가 설득해서 나를 만나러 왔잖아, 이런 결정을 하게 된 어떤 다른 계기가 있어? (○○의 이야기) 뉴스에서 자살한 학생의 이야기에 깊이 공감한다고 했는데, ○○도 이 상황이 힘들어서 죽고 싶다는 생각을 한 적 있어?

(3) 이해 촉진하기: F

○○야, 지금 넌 널 괴롭히는 그 아이들에게도 화가 나지만, 모든 게 네 탓이라고 생각하는구나, 네 자신에게도 화가 나고. 그래? (○○의 이야기) 그래 그렇구나, 속상하고 힘들었겠다. 하지만 지금 너는 폭력적인 상황에 있는 거고 성폭력을 당하는 대부분의 사람들이 너와 비슷한 생각이나 느낌을 가진다고 해. 이런 경우 사람들은 자신의 잘못이라고 생각하고 자책하거나 수치심 때문에 다른 사람을 만나기 힘들어하거든. 그렇게 스스로 고립되고 이런 일이 벌어지기 전으로 되돌아가고 싶어 하고. 괴로움에서 벗어나기 위해 자살생각을 하거나 다른 일탈 행동을 하는 경우도 있고. 그러니까 ○○가 느끼게 되고 괴로운 지금 여러 가지 반응이나 증상은 정상적인 거라고 생각해. 그리고 네가 지금 상황을 원한 것도 네 잘못도 아니니까 자책 안 해도 돼. 현재 ○○가 가장 힘든 부분에 대해 좀 더 이야기 나누고 싶은데 괜찮겠어?

(4) 효과적인 대처 권장하기: E

○○는 학교폭력위원회를 열거나 선생님께 알리는 걸 원하지 않는 것 같은데 이유를 말해 줄 수 있어? 다른 아이들도 알게 되거나 네 탓이라고 할까봐, 이해받지 못 할까봐 걱정이구나. 그 아이들 때문에 힘들거나 혼자 있을

때도 괴로운 마음이 문득 들 때가 있을 텐데 그때 어떻게 했어? 그렇게 해서 괴로운 마음이 줄어들었어? 그런데 아이들이 짓궂은 행동을 할 때는 그냥 참았구나. 네 잘못이 아닌데 네가 힘들어 해야 하는 이유는 없잖아. 다음에는 그 아이들에게 싫다거나 불쾌한 마음을 좀 더 적극적으로 표현해 볼 수 있겠어? 그리고 다른 방법에 대해서도 생각해 보면 좋겠어.

(5) 회복 및 의뢰: R

○○야, 도움을 받고자 용기를 내 준 것과 힘든 이야기해 주어서 고마워. 오늘 이야기하고 난 지금은 좀 어때? ○○가 혼자 힘들어하는 것보다, 다른 사람이 도움을 줄 수 있었으면 하는데 주변에 이야기할 수 있고 신뢰할 수 있는 사람이 있니? ○○가 필요로 할 때 도움을 줄 수 있는 전문가나 전문기관에 안내해 줄 수 있어. 언제든지 도움이 필요하면 이야기해 줘.

3) 아동 성폭력

◇◇ 씨는 요즘 7살 딸인 ○○의 행동변화에 마음이 쓰인다. 밤에 자다 깨서 우는 날이 종종 있고, 짜증을 자주 낸다. 유치원에서 무슨 일이 있었는지 문의해 봤지만 평소와 다름없었다는 답을 들었을 뿐이다. 크는 과정에 좀 예민해졌나 싶어 시간이 지나면 괜찮아질 거라고 여겼다.

그러던 어느 날 남자의 성기를 두드러지게 그린 아이의 그림을 보고 깜짝 놀랐고 무슨 일이 일어난 것이 아닌가 걱정을 하다 도움을 청하게 되었다. ○○를 통해, 그림 속의 사람이 ◇◇ 씨도 잘 아는 주변 사람 △△라는 것과 아이에게 자신의 성기를 보여주고 만지도록 했다는 것을 알게 됐다. 그 사람을 죽이고 싶을 만큼 화가 나고 아이가 받았을 상처를 생각하면 강한 처벌을 받게 하고 싶다.

(1) 안정화: S

안녕, 이름이 뭐야? 아, ○○구나 반가워. 나는 □□선생님이야. 지금 기분이 어때? 선생님하고 이야기도 하고 그림도 그리고 할 텐데 할 수 있어? 아 그래 고마워. 우리 이야기 하면서 우유랑 간식 먹을까?

안녕하세요 어머니, 저는 □□의 □□입니다. 아이 행동의 변화로 걱정이 된다고 하셨는데 많이 혼란스럽고 힘드시겠어요. 저는 ○○와 어머니를 돕기 위해 노력할 것이고 여기서 나눈 이야기는 비밀보장이 원칙입니다. 그러나 자신이나 타인을 해칠 위험이 있거나 법과 관련된 사항은 비밀보장 원칙에서 제외사항입니다.

(2) 위기 인정하기: A

○○야 이 그림에서 이 사람은 누구야? 아…. △△이구나, △△ 언제 봤어? 아, 그때 봤구나, 무슨 일이 있었는지 기억나? 선생님한테 이야기해 줄수 있어? 아, 그렇구나, △△이 ○○를 예쁜 아이라고 하면서 여기를 만져보라고 했구나. 그때 ○○ 기분은 안 좋았구나, 속상했겠다. 그래, ○○가 속상했는데 엄마에게 왜 말하지 않았어? (○○의 이야기) 아…. △△이, ○○가 말하면 엄마가 속상하다고 해서 말하지 못 했구나. 엄마에게 이야기했더니 안아주시고 괜찮다고 하셨어? 음…. 다행이었다. 그렇지? ○○는 그때 어땠어? 아 그랬구나.

○○와 병원에 다녀오셨어요? 아 아직 안가셨군요. 이번 일로 ○○에게 어떤 반응을 보이셨는지 어떤 마음이신지 말씀해 주시겠어요? ○○의 일로 굉장히 당황스럽고 혼란스러우시겠어요. 남편은 알고 계신가요? 다른 사람에게 이야기하거나 조언을 구한 적이 있으신가요? 예쁘고 행복하게만 키우고 싶은 게 엄마의 마음인데, 이런 일이 생겨 너무 화가 나신다고 하셨어요. 남편도 분노가 치민다고 하셨는데 남편이나 어머니께서는 그 사람을 해칠 생각이나 계획을 갖고 계신가요?

(3) 이해 촉진하기: F

○○야, ○○는 △△이 나쁜 사람인지 아닌지 잘 모르겠다고 하는 것 같은데 선생님 말이 맞아? 음, 그래서 ○○ 마음이 힘들구나. 잠 잘 때 무서운 꿈도 꾸고 괜히 짜증도 나고 그렇지? 그래 선생님이 생각해도 그럴 것 같아. 우리 ○○가 잘못한 건 없는데 힘들다 그렇지? ○○야 잘 때 무서워서 깨고 울잖아, 짜증도 나고, 또 힘들고 속상한 거 있으면 말해 줄래?

자녀에게 이런 일이 생기면 부모님은 혼란스럽고 가해자에게 복수하고 싶거나 울분이 쌓인다고 합니다. 아이를 제대로 보호하지 못했다는 후회와 다른 사람들이 알게 되고 수근거릴까 봐 쉬쉬하기도 하구요. 많은 사람이 어머니의 지금 정서 상태와 비슷한 증상들을 보인다고 하는데, 이런 경우 그런 증상들이 대부분 정상적인 반응들로 보입니다. 아이의 잘못도 부모님의 잘못도 아니니 너무 괴로워하거나 자책하지 않으셨으면 합니다. 지금 어머니가 가장 힘들고 어려운 것이 어떤 것인지 말씀해 주시겠어요?

(4) 효과적인 대처 권장하기: E

○○야, ○○가 요즘 좀 속상하고 힘들었잖아 그럴 때는 어떻게 했어? 아 그래, 그러면 좀 괜찮아졌구나. 더 짜증이 날 때는 어떤 때야? ○○야 다음에 △△이나 다른 사람이 둘이만 같이 있자고 하면 어떻게 할까? 저번처럼 그런 일이 있으면 엄마나 선생님에게 말해줬으면 좋겠는데 어때 할 수 있겠어? 그래 고마워. ○○는 어떤 걸 할 때 재미있고 즐거워? 아 그렇구나, 재미있겠는데? 선생님도 해봐야겠다, 가르쳐줘서 고마워.

아이들이 성폭력 피해를 받았을 때 보호자나 주변 사람들이 어떤 반응을 보이느냐가 아이의 회복에 가장 중요한 영향을 미친다고 합니다. 어머니도 지금 힘든 상황에 계신데, 사건을 덮거나 회피하지 않고 적극적으로 대처하신 건 옳은 결정이고 감사드립니다. 조급하게 생각하지 마시고 아이의 상태에 맞춰 꾸준하게 관심 가지고 사랑을 표현하시면 아이와 가족의 상처가 아물 거라고 생각됩니다.

(5) 회복 및 의뢰: R

○○야 오늘 선생님하고 이야기해 줘서 고마워. 지금 좀 어때? 지금도 많이 속상하고 슬프고 그래? 선생님한테 궁금한 거 있어? 더 하고 싶은 이야기는? ○○에게 필요한 게 무엇이니? 그래 말해줘서 고마워.

어머니 힘드신데 ○○와 함께 와 주시고, 용기 내 주셔서 감사드립니다. 오늘 개입 후 ○○의 상태에 어떤 변화가 있다고 생각되세요? 어머니는 어떠

신가요? 궁금하거나 더 이야기 하고 싶은 부분이 있으세요? 원하시면 지속
적인 도움을 받을 수 있도록 전문기관에 의뢰해 드리겠습니다. 그곳에서 가
해자에 대한 처벌이나 ○○이, 어머니와 가족을 위한 좀 더 전문적인 도움을
받으실 수 있을 겁니다.

강은영, 김한균, 이원상(2010). 국내·외 아동성폭력범죄 특성 분석 및 피해아동 보호체계 연구. 여성가족부.

고미선(2004). 아동기 가정폭력의 경험이 부부간의 폭력에 대한 태도와 행위에 미치는 영향. 서울대학교 석사학위논문.

김규남(2007). 성폭력범죄의 실태와 형사사법적 개선방안에 관한 연구. 원광대학교 석사학위논문.

김연옥, 유채영, 이인정, 최해경(2013). 가족복지론. 파주: 나남출판.

민윤영(2017). 한국의 부부간 심리적 폭력의 실태와 형사정책적 함의: 강압적 통제론과 네크로필리아(necrophilia) 개념을 활용하여. 형사정책, 29(3), 93-125.

박수희(2006). 성폭력특별법과 피해자 보호. 한국공안행정학회보, 22, 146-190.

박언주(2010). 가정폭력 피해여성의 행동변화에 대한 연구. 한국가족복지학, 30, 323-346.

박은하, 권세원(2010). 가정폭력경험이 청소년 비행에 미치는 영향: 애착의 조절 효과를 중심으로. 청소년학연구, 17(3). 201-231.

박형민, 황정인, 탁종연, 한국형사정책연구원(2010). 폭력범죄의 유형과 특성에 관한 연구. 서울: 한국형사정책연구원.

심영희(1998). 위험사회와 성폭력. 서울: 나남출판.

안은주, 김봉환(2017). 상담자의 대리외상후 성장 과정-폭력피해자 지원 상담자를 중심으로. 상담학연구, 18(4), 25-46.

안진이 역(2017). 일상 속의 성차별. 파주: 미메시스/ Laura Bates

이도흠(2017). 폭력 유형별 화쟁의 평화론. 통일과 평화, 9(1), 5-42.

이미정(2000). 성폭력 피해자에 대한 경찰의 대응방안에 관한 연구. 동국대 경찰행정학과 석사학위논문.

이민희(1998). 폭력적 인간: 청소년폭력의 원인을 중심으로. 청소년행동연구, (3), 5-18.

이영실, 김재경, 김봉순, 박용권, 조명희, 홍성희(2016). 가족복지론. 파주: 양서원.

이유진, 윤옥경(2013). 아동·청소년 성폭력 피해자 지원 강화방안 연구. 교정담론, 7(1), 165－190.

이윤용(2014). 여대생의 성폭력 두려움 인식에 관한 연구. 한국민간경비학회보, 13(3), 348－380.

임광비(2011). 아동성폭력 예방교육의 개선방안 연구 -교사와 학부모의 인식을 중심으로. 건국대학교 행정대학원 석사학위논문.

임정현(2017). 성폭력 피해 아동·청소년의 외상 후 스트레스 증상에 영향을 미치는 요인. 이화여자대학교 사회복지대학원 석사학위논문.

장응혁(2015). 성폭력범죄와 피해자조사. 고려대학교 박사학위논문.

정경자(1993). 성폭력피해현황과 그 대책. 한국피해자학회, 2(1), 71－82.

조 옥(2000). 여성장애인 성폭력 피해의 특성과 대처방안에 관한 사례연구. 숭실대학교 석사학위 논문.

조현빈(2006). 성폭력과 성폭력 피해자 심리의 이해. 한국범죄심리연구, 2(2), 39－59.

최인섭, 이순래, 노성호, 박순진, 박형민(2005). 한국인의 갈등해소방식: 폭력을 중심으로. 형사정책연구원 연구총서, 2005(1), 19－379.

한국성폭력상담소. www.sisters.or.kr.

한정수, 조성진, 배승민(2015). 아동청소년 성폭력 피해자의 피해사실 폭로에 영향을 미치는 요인. 소아청소년정신의학, 26(3). 176－182.

Adkins, K. S., & Kamp Dush, C. M. (2010). The mental health of mothers in and after violent and controlling unions. Social Science Research, 39, 925 -937.

Broman－Fulks, J. J., Ruggiero, K. J., Hanson, R, F., Smith, D. W., Resnick, H. S., Kilpatrick, D. G., & Saunders, B. E. (2007). Sexual assault disclosure in relation to adolescent mental health: Results from the National Survey of Adolescents. *Journal of Clinical Child and Adolescent Psychology*, 36(2). 260－266.

Buckle, S. K., Lancaster, S., Powell, M. B., Higgins, D. J. (2005). The relationship between child sexual abuse and academic achievement in a sample of adolescent psychiatric inpatients.

Carlson, B. E., McNutt, L.－A., Choi, D. Y., & Rose, I. M. (2002). Intimate partner abuse and mental health: The role of social support and other protective factors. Violence Against Women, 8, 720- 745.

Capaldi, D. M., Shortt, J. W., Kim, H. K., Wilson, J., Crosby, L., & Tucci, S. (2009). Official incidents of domestic violence: Types, injury, and associations with nonofficial couple aggression. *Violence and Victims*, 24(4), 502−519.

Connell, R. (2009). Gender: Short introductions. Cambridge, UK: Polity.

Côté, S. M., Vaillancourt, T., LeBlanc, J. C., Nagin, D. S., & Tremblay, R. E. (2006). The development of physical aggression from toddlerhood to pre−adolescence: A nation wide longitudinal study of Canadian children. *Journal of Abnormal Child Psychology*, 34(1), 68−82.

Everstine, D. S. & Everstine, L. (2006). Strategic interventions for people in crisis, trauma, and disaster. New York: Routledge.

Fergusson, D. M., McLeod, G. F. H., & Horwood, L. J. (2013). Chil− dhood sexual abuse and adult developmental out come: Findings from a 30−year longitudinal study in New Zealand. *Child Abuse & Neglect*, 37(9), 664−674.

Fincham, F. D., Cui, M., Braithwaite, S., & Pasley, K. (2008). Attitudes toward intimate partner violence in dating relationships. *Psychological Assessment*, 20(3), 260−269.

Fitzgerald, M., Danielson, C. K., Saunders, B. E., & Kilpatrick, D.G. (2007). Youth victimization: Implications for prevention, intervention & public policy. *The Prevention Researcher*, 14(1), 3−7.

Fleury−Steiner, R. E., Bybee, D., Sullivan, C. M., Belknap, J., & Melton, H. C. (2006). Contextual factors impacting battered women's intentions to reuse the criminal legal system. Journal of Community Psychology, 34, 327-342.

Golding, J. M. (1999). Intimate partner violence as a risk factor for mental disorders: A meta−analysis. Journal of Family Violence, 14, 99-132.

Goodman, L. A., & Smyth, K. F. (2011). A Call for a Social Network−Oriented Approach to Services for Survivors of Intimate Partner Violence. Psychology of Violence, 1(2), 79−92.

Graham−Kevan, N., & Archer, J. (2003). Intimate terrorism and common couple violence. A test of Johnson's predictions in four British samples. *Journal of Interpersonal Violence*, 18, 1247-1270.

Hamby, S., & Bible, A. (2009). Battered women's protective strategies. Harrisburg, PA: VAWnet, a project of the National Resource Center on Domestic Violence/Pennsylvania Coalition Against Domestic Violence.

Hanson, R. F., Kievit, L. W., Saunders, B. E., Smith, D. W., Kilpatrick, D. G., Resnick, H. S., & Ruggiero, K. J. (2003). Correlates of adolescent reports of sexual assault: Findings from the national survey of adolescents. *Child Maltreatment*, 8(4), 261－272.

Johan, Galtung(1990). Cultural Violence. *Journal of Peace Research*, 27(3). 291－305.

Johan, Galtung(1969). Violence, Peace, and Peace Research. *Journal of Peace Research*, 6(3), 167－191.

Kashani, J. H., & Allan, W. D. (1998). The impact of family violence on children and adolescent 98. Thousand Oaks, CA: Sage Publications.

Kelley, O., Michael, E. N., & Brian, M. (2018). LGBQ Identity Integration and the Association With Justification of Violence. *Psychology of Violence*, 8(2), 184－195.

Kimberly A. Crossman & Jennifer L. Hardesty. (2018). Placing Coercive Control at the Center: What Are the Processes of Coercive Control and What Makes Control Coercive?. Psychology of Violence, 8(2), 196－206.

Martin, E. K., Campbell, C., & Hansen, D. J. (2010). Child sexual abuse. In Thomas, J. C., & Hersen, M. (Eds.), Handbook of clinical psyc-hology competencies, 3, 1481－1514. NY: Springer.

McDonell, J., Ott, J., & Mitchell, M. (2010). Predicting dating violence victimization and perpetration among middle and high school students in a rural southern community. Children and Youth Services Review, 32(10), 1458－1463.

Nayak, M. B., Byrne, C. A., Martin, M. K., & Abraham, A. G. (2003). Attitudes toward violence against women: A cross－nation study. Sex Roles, 49(7－8), 333－342.

Negriff, S., Schneiderman, J. U., Smith, C., Schreyer, J, K., & Trickett, P. K. (2014). Characterizing the sexual abuse experiences of young adolescents. Child Abuse & Neglect, 38(2), 261−270.

Nichols, M. P. (2010). Family Therapy: Concepts and Methods. Boston: Pearson Education.

Riger, S., Raja, S., & Camacho, J. (2002). The radiating impact of intimate partner violence. Journal of Interpersonal Violence, 17, 184-205.

Simpson, J. A., & Campbell, L. (Eds.). (2013). The Oxford handbook of close relationships. New York, NY: Oxford University Press.

Straus, M. A. (2004). Prevalence of violence against dating partners by male and female university students worldwide. Violence Against Women, 10(7), 790-811.

Sullivan, C. M. (2011). Victim services for domestic violence. In M. P. Koss, J. W. White, & A. E. Kazdin (Eds.), Violence against women and children. Washington D.C: American Psychological Association.

Sweeney, T. J. (2008). Adlerian counseling: a practitioner's approach. NY: Paterson Marsh Ltd. 노안영 등 공역(2012). 아들러 상담이론과 실제, 서울: 학지사.

Tjaden, P. & Thoennes, N. (2000). Full report of the prevalence, incidence and consequences of violence against women: Findings from the National Violence Against Women Survey. Washington, D. C.: National Center Justice.

Tolman, R., Bennett, L (1990). A review of quantitative research on man who batter. Journal of Interpersonal Violence. 5(1), 87−118.

Thompson, M. P., Kaslow, N. J., Kingree, J. B., Rashid, A., Puett, R., Jacobs, D., & Matthews, A. (2000). Partner violence, social support, and distress among inner−city African American women. American Journal of Community Psychology, 28, 127-143.

Turner, J. H. (1978). The Structure of Sociological Theory. 김진균 등 공역 (1989). 사회학이론의 구조. 서울: 한길사.

Yancey, C. T. & Hansen, D. J. (2010). Relationship of personal, familial, and abuse−specific factors with outcome following childhood sexual abuse. Aggression and Violence Behavior, 15(6), 410−421.

색 인

부록

관련 기관 안내

일반 정신 건강 관련 기관

기관명	연락처
〈정부 및 공공기관 및 유관기관〉	
보건복지부	129 (공휴일, 야간: 044 – 202 – 2118)
국립정신건강센터	02 – 2204 – 0114
중앙정신건강복지사업지원단	02 – 747 – 3070
질병관리본부	043 – 719 – 7065
국방헬프콜	1303
중앙장애인권익옹호기관	02 – 6951 – 1790
〈경찰 트라우마센터〉	
서울 보라매병원	02 – 870 – 2114
대전 유성선병원	1588 – 7011
부산 온종합병원	051 – 607 – 0114
광주 조선대학교병원	062 – 220 – 3398
〈광역정신건강복지센터〉	
서울시정신건강복지센터	02 – 3444 – 9934
경기도정신건강복지센터	031 – 212 – 0435~6
인천광역정신건강복지센터	032 – 468 – 9911
충청북도광역정신건강복지센터	043 – 217 – 0597
충청남도광역정신건강복지센터	041 – 633 – 9183
대전광역정신건강복지센터	042 – 486 – 0005
경상남도정신건강복지센터	055 – 239 – 1400
경상북도정신건강복지센터	054 – 748 – 6400
대구광역정신건강복지센터	053 – 256 – 0199
전라북도광역정신건강복지센터	063 – 251 – 0650
전라남도광역정신건강복지센터	061 – 350 – 1700

기관명	연락처
광주광역정신건강복지센터	062 – 600 – 1930
강원도광역정신건강복지센터	033 – 251 – 1970
울산광역정신건강복지센터	052 – 716 – 7199
부산광역정신건강복지센터	051 – 242 – 2575
제주특별자치도광역정신건강복지센터	064 – 717 – 3000
〈지역별 정신건강복지센터〉 – 서울	
강남구정신건강복지센터	02 – 2226 – 0344
강동구정신건강복지센터	02 – 471 – 3223
강북구정신건강복지센터	02 – 985 – 0222
강서구정신건강복지센터	02 – 2600 – 5926
관악구정신건강복지센터	02 – 879 – 4911
광진구정신건강복지센터	02 – 450 – 1895
구로정신건강복지센터	02 – 860 – 2618
금천구정신건강복지센터	02 – 3281 – 9314
노원구정신건강복지센터	02 – 950 – 4591
도봉구정신건강복지센터	02 – 900 – 5783
동대문구정신건강복지센터	02 – 963 – 1621
동작구정신건강복지센터	02 – 588 – 1455
마포구정신건강복지센터	02 – 3272 – 4937
서대문구정신건강복지센터	02 – 337 – 2165
서초구정신건강복지센터	02 – 2155 – 8215
성동구정신건강복지센터	02 – 2298 – 1080
성북구정신건강복지센터	02 – 2241 – 6304
송파정신건강복지센터	02 – 421 – 5871
양천구정신건강복지센터	02 – 2061 – 8881
영등포구정신건강복지센터	02 – 2670 – 4753
용산구정신건강복지센터	02 – 2199 – 8370
은평구정신건강복지센터	02 – 353 – 2801
종로구정신건강복지센터	02 – 745 – 0199
중구정신건강복지센터(서울)	02 – 2236 – 6606

기관명	연락처
중랑구정신건강복지센터	02-3422-5921~3
- 경기도	
가평군정신건강복지센터	031-581-8881
고양시아동청소년정신건강증진센터	031-908-3567
고양시정신건강증진센터	031-968-2333
과천시정신건강증진센터	02-504-4440
광명시정신건강복지센터	02-897-7786
광주시정신건강복지센터 (경기)	031-762-8728
구리시정신건강복지센터	031-550-8614
군포시정신건강증진센터	031-461-1771
김포시정신건강복지센터	031-998-2005
남양주시정신건강복지센터	031-592-5891
동두천시정신건강복지센터	031-863-3632
부천시정신건강복지센터	032-654-4024~7
성남시소아청소년정신건강복지센터	031-751-2445
성남시정신건강복지센터	031-754-3220
수원시노인정신건강센터	031-273-7511
수원시아동청소년정신건강센터	031-242-5737
수원시정신건강복지센터	031-247-0888
수원시행복정신건강복지센터	031-253-5737
시흥시정신건강복지센터	031-316-6661
안산시정신건강복지센터	031-411-7573
안성시정신건강복지센터	031-378-5361~9
안양시정신건강복지센터	031-469-2989
양주시정신건강복지센터	031-840-7320
양평군정신건강복지센터	031-770-3526
여주시정신건강복지센터	031-886-3435
연천군정신건강증진센터	031-832-8106
오산시정신건강증진센터	031-374-8680
용인시정신건강증진센터	031-286-0949
의왕시정신보건센터	031-458-0682
의정부시정신건강복지센터	031-828-4547

기관명	연락처
이천시정신건강복지센터	031-637-2330
파주시정신건강증진센터	031-942-2117
평택시정신건강증진센터	031-658-9818
포천시 정신건강복지센터	031-532-1655
하남시정신건강복지센터	031-793-6552
화성시정신건강복지센터	031-369-2892
- 인천	
강화군정신건강복지센터	032-932-4093
계양구정신건강복지센터	032-547-7087
부평구정신건강증진센터	032-330-5602
연수구정신건강복지센터	032-749-8171~7
인천남구정신건강복지센터	032-421-4045~6
인천남동구정신건강복지센터	032-465-6412
인천동구정신건강복지센터	032-765-3690~1
인천서구정신건강증진센터	032-560-5006, 5039
인천중구정신건강증진센터	032-760-6090
- 충남	
계룡시정신건강복지센터	042-840-3584/3570
공주시정신건강복지센터	041-852-1094
금산군정신건강복지센터	041-751-4721
논산시정신건강복지센터	041-746-8073/4076
당진시정신건강복지센터	041-352-4071
보령시보건소정신건강복지센터	042-930-4184
부여군보건소정신건강복지센터	041-830-2502
서산시정신건강복지센터	041-661-6592
서천군정신건강복지센터	041-950-6733
아산시정신건강복지센터	041-537-4353
예산군정신건강복지센터	041-339-8029
천안시정신건강복지센터 (동남구)	041-521-2664
천안시정신건강복지센터 (서북구)	041-571-0199

기관명	연락처
청양군보건의료원 정신건강복지센터	041－940－4546
태안군보건의료원 정신건강복지센터	041－671－5398
홍성군정신건강복지센터	041－630－9076 / 보건소－9057
－ 충북	
괴산군정신건강증진센터	043－832－0330
단양군정신건강복지센터	043－420－3245
보은군정신건강복지센터	043－544－6991
영동군정신건강복지센터	043－740－5613/ 5624
옥천군정신건강복지센터	043－730－2195
음성군정신건강증진센터	043－872－1883~4, 043－878－1882
제천시정신건강복지센터	043－646－3074~5
증평군정신건강증진센터	043－835－4277
진천군정신건강증진센터	043－536－8387
청주시상당정신건강복지센터	043－201－3122~9
청주시서원정신건강복지센터	043－291－0199
청주시흥덕정신건강복지센터	043－234－8686
청주시청원정신건강복지센터	043－215－6868
충주시정신건강복지센터	043－855－4006
－ 세종	
세종시정신건강복지센터	044－861－8521
－ 대전	
대덕구정신건강복지센터	042－931－1671
동구정신건강복지센터(대전)	042－673－4619
서구정신건강증진센터(대전)	042－488－9748
유성구정신건강증진센터	042－825－3527
중구정신건강증진센터(대전)	042－257－9930
－ 경남	
거제시보건소 정신건강복지센터	055－639－6119
거창군정신건강증진센터	055－940－8344/ 8384

기관명	연락처
고성군보건소정신건강복지센터	055－670－4057~8
김해시정신건강복지센터	070－4632－2900
남해군보건소 정신건강복지센터	055－860－8701
밀양시정신건강복지센터	055－359－7081
사천시보건소 정신건강복지센터	055－831－2795/ 3575
산청군정신건강복지센터	055－970－7553
양산시정신건강복지센터	055－367－2255
의령군보건소/의령군정신건강증진센터	055－570－4093/ 4023
진주시보건소정신건강증진센터	055－749－4575/ 5774
창녕군정신건강복지센터	055－530－6225
창원시 마산정신건강복지센터	055－225－6031
창원시 진해정신건강복지센터	055－225－6691
창원시 창원정신건강복지센터	055－287－1223
통영시정신건강복지센터	055－650－6122/ 6153
하동군정신건강복지센터	055－880－6670
함안군보건소 정신건강복지센터	055－580－3201/ 3131
함양군보건소 정신건강복지센터	055－960－5358/ 4685
합천군 보건소 정신건강복지센터	055－930－4835/ 3720
－ 경북	
경산시정신건강복지센터	053－816－7190
경주시정신건강복지센터	054－777－1577
구미시정신건강복지센터	054－480－4047
김천시정신건강복지센터	054－433－4005
문경시정신건강증진센터	054－554－0802
봉화군정신건강복지센터	054－679－1126
상주시정신건강복지센터	054－536－0668
성주군정신건강복지센터	054－930－8112

기관명	연락처
안동시정신건강복지센터	054-842-9933
영덕군정신건강복지센터	054-730-7161~4
영주시 정신건강복지센터	054-639-5978
영천시정신건강증진센터	054-331-6770
칠곡군정신건강복지센터	054-973-2024
포항시남구정신건강복지센터	054-270-4073/4091
포항시북구정신건강증진센터	054-270-4193~8
－ 대구	
남구정신건강증진센터(대구)	053-628-5863
달서구정신건강복지센터	053-637-7851
달성군정신건강증진센터	053-643-0199
동구정신건강복지센터(대구)	053-983-8340,2
북구정신건강복지센터(대구)	053-353-3631
서구정신건강증진센터(대구)	053-564-2595
수성구정신건강증진센터	053-756-5860
중구정신건강복지센터(대구)	053-256-2900
－ 전남	
강진군정신건강복지센터	061-430-3542/3560
고흥군정신건강복지센터	061-830-6636/6673
광양시정신건강증진센터	061-797-3778
곡성군정신건강복지센터	061-363-9917
구례군정신건강복지센터	061-780-2023/2047
나주시정신건강증진센터	061-333-6200
담양군보건소/담양군정신건강복지센터	061-380-3995
목포시정신건강복지센터	061-276-0199
무안정신건강복지센터	061-450-5032
보성군정신건강증진센터	061-853-5500
순천시정신건강복지센터	061-749-6884/6928
여수시정신건강복지센터	061-659-4255/4289

기관명	연락처
영광군 정신건강복지센터	061-350-5666,061-353-9401
완도군정신건강증진센터	061-550-6742/6745
장성군정신건강증진센터	061-390-8373/395-0199
장흥군정신건강복지센터	061-860-0549/0541
진도군정신건강복지센터	061-540-6058
함평군정신건강복지센터	061-320-2428/2512
해남군정신건강복지센터	061-531-3763/3767
화순군정신건강복지센터	061-379-5305
－ 전북	
고창군 정신건강증진센터	063-563-8738
군산시정신건강증진센터	063-445-9191
김제시정신건강복지센터	063-542-1350
남원시정신건강복지센터	063-635-4122
부안군정신건강증진센터	063-581-5831
완주군정신건강복지센터	063-262-3066
익산시정신건강증진센터	063-841-4235
전주시정신건강증진센터	063-273-6995~6
정읍시정신건강증진센터	063-535-2101
진안군 정신건강증진센터	063-432-8529
무주군정신건강복지센터	063-320-8232
－ 광주	
광산구정신건강증진센터	062-941-8567
광주남구정신건강증진센터	062-676-8236
광주동구정신건강증진센터	062-233-0468
광주북구정신건강증진센터(본소)	062-267-5510
광주북구정신건강복지센터(분소)	062-267-4800
광주서구정신건강증진센터	062-350-4195

기관명	연락처
− 강원도	
강릉시정신건강복지센터	033 − 651 − 9668
고성군정신건강복지센터 (강원)	033 − 682 − 4020
동해시정신건강복지센터	033 − 533 − 0197
삼척시정신건강복지센터	033 − 574 − 0190
속초시정신건강복지센터	033 − 633 − 4088
양구군정신건강복지센터	033 − 480 − 2789
양양군정신건강증진센터	033 − 673 − 0197, 0199
영월군정신건강복지센터	033 − 374 − 0199
원주시정신건강복지센터	033 − 746 − 0198
인제군보건소 정신건강복지 센터	033 − 460 − 2245, 033 − 461 − 7427
정선군보건소 정신건강복지 센터	033 − 560 − 2896
철원군보건소 철원군정신건강 증진센터	033 − 450 − 5104
춘천시정신건강복지센터	033 − 241 − 4256
태백시정신건강복지센터	033 − 554 − 1278
평창군보건의료원 정신건강복지 센터	033 − 330 − 4872
홍천군정신건강증진센터	033 − 430 − 4035
화천군보건소 정신건강복지 센터	033 − 441 − 4000
횡성군정신건강증진센터	033 − 345 − 9901
− 울산	
울산울주군정신건강복지센터	052 − 262 − 1148
울산남구정신건강복지센터	052 − 227 − 1116
울산동구정신건강복지센터	052 − 233 − 1040
울산북구정신건강복지센터	052 − 288 − 0043
울산중구정신건강증진센터	052 − 292 − 2900
− 부산	
강서구정신건강증진센터 (부산)	051 − 970 − 3417
금정구정신건강증진센터	051 − 518 − 8700

기관명	연락처
기장군정신건강증진센터	051 − 727 − 5386
남구정신건강증진센터(부산)	051 − 626 − 4660,1
동구정신건강복지센터(부산)	051 − 911 − 4600
동래구정신건강복지센터	051 − 507 − 7306~7
북구정신건강복지센터(부산)	051 − 334 − 3200
사상구정신건강증진센터	051 − 314 − 4101
사하구정신건강복지센터	051 − 265 − 0512
서구정신건강증진센터(부산)	051 − 256 − 1983
수영구정신건강증진센터	051 − 714 − 5681
연제구정신건강복지센터	051 − 861 − 1914
영도구정신건강복지센터	051 − 404 − 3379
중구정신건강복지센터(부산)	051 − 257 − 7057
진구정신건강증진센터	051 − 638 − 2662
해운대구정신건강복지센터	051 − 741 − 3567
− 제주	
서귀포시정신건강복지센터	064 − 760 − 6553
제주시정신건강증진센터	064 − 728 − 4075
〈지방 보건소〉 − 전남	
신안군 보건소	061 − 240 − 8095
영암군 보건소	061 − 470 − 6539
− 전북	
순창군보건의료원	063 − 650 − 5247
임실군보건의료원	063 − 640 − 3144
장수군보건의료원	063 − 350 − 3162
− 경북	
고령군보건소	054 − 954 − 1300
청도군 보건소	054 − 370 − 6296
군위군 보건소	054 − 383 − 4000
예천군 보건소	054 − 650 − 8033
영양군 보건소	054 − 680 − 5132
울릉군보건의료원	054 − 790 − 6871
의성군 보건소	054 − 830 − 6684
청송군 보건의료원	054 − 870 − 7200

자살 관련 기관

기관명	연락처
한국자살예방협회	02-413-0892-3
한마음한몸자살예방센터	02-318-3079
사랑의전화상담센터	02-3272-4242
불교상담개발원(자비의전화)	02-737-7378
(사)생명존중교육협의회	02-904-6647
기독교자살예방센터	070-8749-2114
중앙자살예방센터	02-2203-0053
〈생명의 전화〉	
한국생명의전화	02-763-9195
서서울생명의전화	02-2649-9233
수원생명의전화	031-237-3120
안양생명의전화	031-383-9114
고양생명의전화	031-901-1391
부천생명의전화	032-325-2322
충주생명의전화	043-842-9191
광주생명의전화	062-232-9192
전주생명의전화	063-286-9192
대구생명의전화	053-475-9193
포항생명의전화	054-252-9177
울산생명의전화	052-265-5570
부산생명의전화	051-807-9195
제주생명의전화	064-744-9190
〈광역자살예방센터〉	
서울시자살예방센터	02-3458-1000
경기도자살예방센터	031-212-0437
인천광역시자살예방센터	032-468-9911
대구광역자살예방센터	053-256-0199
광주광역자살예방센터	062-600-1930
강원도자살예방센터	033-251-1970
부산광역자살예방센터	051-242-2575
〈지역자살예방센터〉 - 서울	
성동구자살예방센터	02-2298-7119

기관명	연락처
성북구자살예방센터	02-916-9118
- 경기	
가평군자살예방센터	031-581-8872
광명시자살예방센터	02-2618-8255
성남시정신건강증진센터 부설 성남	031-754-3220
수원시자살예방센터	031-247-3279
시흥시자살예방센터	031-316-6664
안산시자살예방센터	031-418-0123
여주시자살예방센터	031-886-3435
양평군자살예방센터부설양평군자	031-770-3532, 26
용인시자살예방센터	070-4457-9373
이천시자살예방센터	031-637-2330
의정부시정신건강복지센터 부설	031-828-4547
화성시자살예방센터	031-369-2892
- 인천	
인천남구자살예방센터	032-421-4047
- 충남	
천안시자살예방센터	041-571-0199
- 전북	
남원시자살예방센터	063-635-4122
- 강원	
강릉시정신건강복지센터부설 강릉	033-651-9668
원주시정신건강복지센터부설 원주	033-746-0198
홍천군정신건강복지센터부설 홍천	033-435-7482
- 울산	
울산남구자살예방센터	052-227-1116
울산동구자살예방센터	052-233-1040
울산북구자살예방센터	052-288-0043
울산중구자살예방센터	052-292-2900

여성 관련 기관

기관명	연락처
〈여성 긴급전화 1366〉	
중앙센터	1366
서울	02-1366
경기	031-1366
경기북부	031-1366
인천	032-1366
충북	043-1366
충남	041-1366
대전	042-1366
전북	063-1366
전남	061-1366
광주	062-1366
경북	054-1366
경남	055-1366
대구	053-1366
강원	033-1366
울산	052-1366
부산	051-1366
제주	064-1366
〈여성 관련 전문 기관〉	
(사)한국여성상담센터	02-953-1704
(사)한국여성장애인연합	02-3675-9935, 02-766-9935
〈한국 여성의 전화〉	
서울강서양천여성의전화	02-2605-8466
김포여성의전화	가정폭력상담: 031-986-0136
광명여성의전화	가정폭력상담: 02-2060-2545 이메일상담: kmwhl@hanmail.net
성남여성의전화	가정폭력상담: 031-751-6677 성폭력상담: 031-751-1120 이메일상담: snwhl@naver.com
수원여성의전화	가정폭력상담: 031-232-6888

기관명	연락처
	성폭력상담: 031-224-6888 성매매상담: 031-222-0122 청소년열린터: 031-253-8298
시흥여성의전화	여성폭력상담: 031-496-9393 가정폭력상담: 031-496-9494 이메일상담: shwhl@jinbo.ne
안양여성의전화	가정폭력상담: 031-468-1366 성폭력상담: 031-466-1366
부천여성의전화	상담: 032-328-9711
강릉여성의전화	상담: 033-643-1982, 033-643-1985 이메일상담: gw1985@hanmail.net
군산여성의전화	상담: 063-445-2285
익산여성의전화	상담: 063-858-9191 이메일상담: iswhl@hanmail.net
전주여성의전화	상담: 063-283-9855, 063-282-1366
영광여성의전화	상담: 061-352-1321
청주여성의진화	여성폭력상담: 043-252-0966, 043-252-0968
천안여성의전화	여성폭력상담: 041-561-0303
창원여성의전화	여성폭력상담: 055-267-1366, 055-283-8322
진해여성의전화	상담: 055-546-8322, 055-546-0036 참살이: 055-546-1409 이메일상담: jhwhl01@hanmail.net
광주여성의전화	일반상담: 062-363-0442~3 가정폭력상담: 062-363-0485 성폭력상담: 062-363-0487 성매매상담: 062-384-8297
대구여성의전화	가정폭력상담: 053-471-6482 성폭력상담: 053-471-6483 이메일상담: esco10@hananet.net
울산여성의전화	여성주의상담: 052-244-1555

기관명	연락처
부산여성의전화	가정폭력상담: 051 – 817 – 6464 성폭력상담: 051 – 817 – 6474
〈한국여성민우회〉	
한국여성민우회	02 – 737 – 5763
한국여성민우회 (성폭력 상담)	02 – 335 – 1858
한국여성민우회 (여성연예인인권 지원)	02 – 736 – 1366
서울남서여성민 우회	02 – 2643 – 1253
서울동북여성민 우회	02 – 3492 – 7141
고양파주여성민 우회	031 – 907 – 1003
군포여성민우회	031 – 396 – 0201
인천여성민우회	032 – 525 – 2219
광주여성민우회	062 – 529 – 0383
진주여성민우회	055 – 743 – 0410
원주여성민우회	033 – 732 – 4116
춘천여성민우회	033 – 255 – 5557

아동 관련 기관

기관명	연락처	기관명	연락처
중앙아동보호전문기관	02-558-1391	서울성북아동보호전문기관	02-923-5440
〈지역아동센터〉		서울마포아동보호전문기관	02-422-1391
한국지역아동센터연합회	1544-4196	- 경기	
지역아동센터중앙지원단	02-365-1264, 02-581-1264	수원아동보호전문기관	031-8009-0080
		경기평택아동보호전문기관	031-652-1391
서울지원단	02-2632-3125	경기시흥아동보호전문기관	031-316-1391
인천지원단	032-425-7327-8	경기용인아동보호전문기관	031-275-6177
경기북부지원단	031-595-7859/7869	안산시아동보호전문기관	031-402-0442
경기남부지원단	031-236-2729	경기도아동보호전문기관	031-245-2448
충북지원단	043-287-9095	경기북부아동보호전문기관	031-874-9100
충남지원단	041-557-2729	경기성남아동보호전문기관	031-756-1391
대전지원단	042-226-2729	경기고양아동보호전문기관	031-966-1391
강원지원단	033-255-1008,9	경기부천아동보호전문기관	032-662-2580
전북지원단	063-274-5479	경기화성아동보호전문기관	031-227-1310
전남지원단	061-272-7951~2	경기남양주아동보호전문기관	031-592-9818
광주지원단	062-522-9976, 062-521-9975	- 인천	
		인천남부아동보호전문기관	032-424-1391
경북지원단	054-463-7275~6	인천광역시아동보호전문기관	032-434-1391
울산지원단	052-221-2729	인천북부아동보호전문기관	032-515-1391
경남지원단	055-252-1379	- 충청북도	
대구지원단	053-476-1613	충청북도아동보호전문기관	043-216-1391
부산지원단	051-440-3020~1	충북북부아동보호전문기관	043-645-9078
제주지원단	064-756-5579	충북남부아동보호전문기관	043-731-3686
〈아동보호전문기관〉		- 충청남도	
- 서울		충청남도서부아동보호전문기관	041-635-1106
중앙아동보호전문기관	02-558-1391		
노원구아동보호전문기관	02-974-1391	충청남도아동보호전문기관	041-578-2655
서울동남권아동보호전문기관	02-474-1391	충청남도남부아동보호전문기관	041-734-6640~1
서울특별시아동보호전문기관	02-2040-4242		
서울특별시동부아동보호전문기관	02-2247-1391	- 대전	
		대전광역시아동보호전문기관	042-254-6790
서울강서아동보호전문기관	02-3665-5183~5	- 세종시	
서울은평아동보호전문기관	02-3157-1391	세종시아동보호전문기관	044-864-1393
서울영등포아동보호전문기관	02-842-0094		

기관명	연락처
─ 전라북도	
전라북도아동보호전문기관	063 ─ 283 ─ 1391
전라북도서부아동보호전문기관	063 ─ 852 ─ 1391
전라북도서부아동보호전문기관 군산분소	063 ─ 734 ─ 1391
전라북도동부아동보호전문기관	063 ─ 635 ─ 1391~3
─ 전라남도	
전남중부권아동보호전문기관	061 ─ 332 ─ 1391
전라남도아동보호전문기관	061 ─ 753 ─ 5125
전남서부권아동보호전문기관	061 ─ 285 ─ 1391
전남서부권아동보호전문기관 분사무소	061 ─ 284 ─ 1391
─ 광주	
빛고을아동보호전문기관	062 ─ 675 ─ 1391
광주광역시아동보호전문기관	062 ─ 385 ─ 1391
─ 경상북도	
경북남부아동보호전문기관	054 ─ 745 ─ 1391
경북북부아동보호전문기관	054 ─ 853 ─ 0237~8
경북동부아동보호전문기관	054 ─ 284 ─ 1391
경북서부아동보호전문기관	054 ─ 455 ─ 1391
─ 경상남도	
김해시아동보호전문기관	055 ─ 322 ─ 1391
경상남도아동보호전문기관	055 ─ 244 ─ 1391
경상남도아동보호전문기관 양산사무소	055 ─ 367 ─ 1391
경남서부아동보호전문기관	055 ─ 757 ─ 1391
─ 대구	
대구광역시북부아동보호전문기관	053 ─ 710 ─ 1391
대구광역시남부아동보호전문기관	053 ─ 623 ─ 1391
대구광역시아동보호전문기관	053 ─ 422 ─ 1391
─ 강원	
강원남부아동보호전문기관	033 ─ 535 ─ 5391

기관명	연락처
강원도아동보호전문기관	033 ─ 244 ─ 1391
강원동부아동보호전문기관	033 ─ 644 ─ 1391
강원서부아동보호전문기관	033 ─ 766 ─ 1391
─ 울산	
울산남부아동보호전문기관	052 ─ 256 ─ 1391
울산광역시아동보호전문기관	052 ─ 245 ─ 9382
─ 부산	
부산남부아동보호전문기관	051 ─ 791 ─ 1360
부산서부아동보호전문기관	051 ─ 711 ─ 1391
부산광역시아동보호전문기관	051 ─ 791 ─ 1391
부산동부아동보호전문기관	051 ─ 715 ─ 1391
─ 제주	
제주특별자치도아동보호전문기관	064 ─ 712 ─ 1391~2
서귀포시아동보호전문기관	064 ─ 732 ─ 1391
〈아동학대예방센터〉	
서울특별시아동학대예방센터	02 ─ 2040 ─ 4242
서울동부아동학대예방센터	02 ─ 2247 ─ 1391
서울강서아동학대예방센터	02 ─ 3665 ─ 5184
서울은평아동학대예방센터	02 ─ 3157 ─ 1391
서울영등포아동학대예방센터	02 ─ 842 ─ 0094
서울성북아동학대예방센터	02 ─ 923 ─ 5440
서울마포아동학대예방센터	02 ─ 422 ─ 1391
서울동남권아동학대예방센터	02 ─ 474 ─ 1391
〈아동학대예방협회_민간단체〉 ─ 서울	
서울시 강동구 지회	010 ─ 7169 ─ 7851
서울시 강서구 지회	010 ─ 5239 ─ 7334
서울시 강북구 지회	011 ─ 790 ─ 7707
서울시 구로구 지회	010 ─ 6747 ─ 0101
서울시 관악구 지회	02 ─ 884 ─ 2795, 010 ─ 6265 ─ 2745
서울 강북구 수유 지회	010 ─ 5001 ─ 7299
서울시 금천구 지회	010 ─ 3207 ─ 7932
서울시 노원구 지회	010 ─ 5084 ─ 8425

기관명	연락처
서울시 동대문구 이문지회	010 − 7302 − 1122
서울시 동대문구 지회	010 − 2322 − 5258
서울시 동작구 지회	010 − 3780 − 5874, 02 − 826 − 4916
서울시 동작구 상도 지회	010 − 8728 − 1366
서울시 서대문구 지회	010 − 5313 − 0655
서울시 송파구 지회	010 − 5280 − 1497
서울시 양천구 지회	010 − 8745 − 3644
서울시 영등포구 지회	010 − 6656 − 8309
서울시 용산구 지회	010 − 3383 − 7413
서울시 서초구 지회	02 − 599 − 6009, 010 − 4728 − 5591
서울시 성북구 지회	02 − 599 − 6009, 010 − 4728 − 5591
서울시 성동구 지회	02 − 2297 − 1896, 010 − 9377 − 1896
서울시 중랑구 지회	010 − 3288 − 3010
서울시 강남구 지회	010 − 2848 − 1215
− 인천	
인천광역시 중구 지부	010 − 3225 − 8938
− 경기도	
경기도 지부	031 − 654 − 7797, 010 − 9475 − 7787
경기도 고양시 지회	010 − 8280 − 0699
경기도 광명시 지회	010 − 8327 − 9819
경기도 일산시 서구 지회	010 − 2571 − 0192
경기도 이천시 지회	02 − 2201 − 6501, 010 − 2555 − 7111
경기도 안양시 지회	010 − 7316 − 1569
경기도 안산시 지회	010 − 2055 − 1569
경기도 용인시 지회	031 − 282 − 2221, 010 − 8921 − 2526
경기도 수원시 지회	010 − 6280 − 8596
경기도 수원시 권선구 지회	031 − 237 − 1515, 010 − 2004 − 8281
경기도 수원시 영통구 지회	031 − 216 − 1159

기관명	연락처
경기도 수원시 장안구 지회	010 − 9282 − 9892
경기도 수원시 팔달구 지회	010 − 5350 − 7919
경기도 성남시 지회	031 − 781 − 2611
경기도 오산시 지회	010 − 6727 − 4447
경기도 부천시 지회	010 − 8744 − 4957
경기도 평택시 비전 지회	010 − 3337 − 3044
경기도 성남시 분당구 지회	010 − 8216 − 5777
경기도 화성시 지회	031 − 226 − 2004, 010 − 2599 − 7685
경기도 화성시 남부지회	031 − 221 − 1190, 010 − 2375 − 1190
경기도 화성시 서부지부	031 − 227 − 7268, 010 − 4023 − 7218
경기도 화성시 동부지회	010 − 2842 − 7656
경기도 화성 서남부지회	010 − 5006 − 9861
경기도 화성 북부지회	010 − 7477 − 5713
경기도 화성시 화성융건지회 지회장	010 − 3310 − 2075
− 경상남도	
경상남도 함안 지회	055 − 582 − 7589, 010 − 3066 − 7099
− 경상북도	
경상북도 지부	054 − 532 − 1473
− 전라북도	
전북지회	010 − 4001 − 1010
− 전라남도	
전라남도 광주시 남구 지회	010 − 2214 − 4800
− 충청남도	
충청남도 지부	041 − 545 − 6521, 010 − 5451 − 6522
충청남도 보령시 지회	041 − 935 − 0160
충청남도 예산시 지회	041 − 335 − 1961, 010 − 2519 − 8474
충청남도 태안군 지부	010 − 9699 − 7179

기관명	연락처
− 강원도	
강원도 지부	033 − 255 − 1387 010 − 9589 − 8079
− 울산	
울산광역시 울산 지부	010 − 2562 − 1455
울산광역시 울주군 지회	010 − 9311 − 4830
m− 제주	
제주특별자치도 지부	064 − 725 − 1200, 010 − 3751 − 2864

청소년 관련 기관

기관명	연락처
에듀넷 도란도란 학교폭력예방	117
청소년 사이버상담센터	1388
청예단 학교폭력SOS지원단	02－598－1640
탁틴내일(아동청소년성폭력 상담소)	02－3141－6191
〈청소년상담복지센터〉	
서울특별시청소년상담복지센터	02－2285－1318
서울강남구청소년상담복지센터	02－2226－8555
서울강동구청소년상담복지센터	070－8819－1388
서울강북구청소년상담복지센터	02－6715－6661
서울강서구청소년상담복지센터	02－2061－8998
서울관악구청소년상담복지센터	02－872－1318
서울광진구청소년상담복지센터	02－2205－2300
서울구로구청소년상담복지센터	02－852－1319
서울금천구청소년상담복지센터	02－803－1873
서울노원구청소년상담복지센터	02－2091－1387
서울도봉구청소년상담복지센터	02－950－9641
서울동대문구청소년상담복지 센터	02－2236－1377
서울동작구청소년상담복지센터	02－845－1388
서울마포구청소년상담복지센터	02－3153－5982
서울서대문구청소년상담복지 센터	02－3141－1318
서울서초구청소년상담복지센터	02－586－9128
서울성동구청소년상담복지센터	02－2299－1388
서울성북구청소년상담복지센터	02－3292－1779
서울송파구청소년상담복지센터	02－449－7173
서울양천구청소년상담복지센터	02－2646－8341
서울영등포구청소년상담복지 센터	02－2676－6114
서울용산구청소년상담복지센터	02－716－1318
서울은평구청소년상담복지센터	02－384－1318
서울종로구청소년상담복지센터	02－762－1318

기관명	연락처
서울중랑구청소년상담복지센터	02－496－1895
부산광역시청소년상담복지센터	051－804－5001 ～2
부산금정구청소년상담복지센터	051－581－2084
부산기장군청소년상담복지센터	051－792－4880
부산남구청소년상담복지센터	051－621－1389
부산동래구청소년상담복지센터	051－555－1387
부산북구청소년상담복지센터	051－343－1388
부산사하구청소년상담복지센터	051－207－7169
부산서구청소년상담복지센터	051－714－3013
부산수영구청소년상담복지센터	051－759－8413
부산영도구청소년상담복지센터	051－405－5605
부산진구청소년상담복지센터	051－868－0956
부산해운대구청소년상담복지 센터	051－731－4046
사상구청소년상담복지센터	051－327－1388
대구광역시청소년상담복지센터	053－659－6240
대구남구청소년상담복지센터	053－624－0996
대구달서구청소년상담복지센터	053－638－1388
대구달성군청소년상담복지센터	053－614－1388
대구동구청소년상담복지센터	053－984－1319
대구북구청소년상담복지센터	053－324－7388
대구서구청소년상담복지센터	053－562－1388
대구수성구청소년상담복지센터	053－759－1388
대구중구청소년상담복지센터	053－423－1377
인천광역시청소년상담복지센터	032－429－0394
인천계양구청소년상담복지센터	032－547－0855
인천남동구청소년상담복지센터	032－469－7197
인천동구청소년상담복지센터	032－777－1388
인천미추홀구청소년상담복지 센터	032－862－8751
인천부평구청소년상담복지센터	032－509－8916
인천서구청소년상담복지센터	032－584－1388
인천연수구청소년상담복지센터	032－818－0358

기관명	연락처
인천중구청소년상담복지센터	032 − 773 − 1317
광주광역시청소년상담복지센터	062 − 226 − 8181
광주광산구청소년상담복지센터	062 − 943 − 1388
광주남구청소년상담복지센터	062 − 675 − 1388
광주동구청소년상담복지센터	062 − 229 − 3308
광주북구청소년상담복지센터	062 − 251 − 1388
광주서구청소년상담복지센터	062 − 375 − 1388
대전광역시청소년상담복지센터	042 − 257 − 6577
대전서구청소년상담복지센터	042 − 527 − 1112 ~3
대전유성구청소년상담복지센터	042 − 824 − 3454
경기도청소년상담복지센터	031 − 248 − 1318
가평군청소년상담복지센터	031 − 581 − 0397
고양시청소년상담복지센터	031 − 979 − 1318
과천시청소년상담복지센터	02 − 504 − 1388
광명시립청소년상담복지센터	02 − 809 − 2000
광주시청소년상담복지센터	031 − 760 − 2219
구리시청소년상담복지센터	031 − 557 − 2000
군포시청소년상담복지센터	031 − 397 − 1388
김포시청소년상담복지센터	031 − 984 − 1388
남양주시청소년상담복지센터 (본소)	031 − 590 − 8097 ~8, 031 − 590 − 8971 ~2
남양주시청소년상담복지센터 (동부분소)	031 − 590 − 8403, 8404
남양주시청소년상담복지센터 (북부분소)	031 − 590 − 8979, 8980
동두천시청소년상담복지센터	031 − 861 − 1388
부천시청소년상담복지센터 (본소)	032 − 325 − 3002
부천시청소년상담복지센터 (분소_소사센터)	032 − 325 − 3002
부천시청소년상담복지센터 (오정분소)	032 − 325 − 3002
성남시청소년상담복지센터	031 − 756 − 1388

기관명	연락처
수원시청소년상담복지센터(팔달)	031 − 218 − 0446
수원시청소년상담복지센터(장안)	031 − 242 − 1318
수원시청소년상담복지센터(영통)	031 − 215 − 1318
수원시청소년상담복지센터(권선)	031 − 236 − 1318
수원시청소년상담복지센터(광교)	031 − 216 − 8354
수원시청소년상담복지센터(칠보)	031 − 278 − 6862
시흥시청소년상담복지센터	031 − 318 − 7100
안산시청소년상담복지센터	031 − 414 − 1318
안성시청소년상담복지센터	031 − 676 − 1318
안양시청소년상담복지센터	031 − 446 − 0242
양주시청소년상담복지센터	031 − 858 − 1318
양평군청소년상담복지센터	031 − 775 − 1318
여주시청소년상담복지센터	031 − 882 − 8889
연천군청소년상담복지센터	031 − 832 − 4452
오산시청소년상담복지센터	031 − 372 − 4004
용인시청소년상담복지센터	031 − 324 − 9300
의왕시청소년상담복지센터	031 − 452 − 1388
의정부시청소년상담복지센터 (본소)	031 − 873 − 1388
의정부시청소년상담복지센터 (호원분소)	031 − 873 − 1388
이천시청소년상담복지센터	031 − 632 − 7099
파주시청소년상담복지센터	031 − 946 − 0022
평택시청소년상담복지센터	031 − 656 − 1383
포천시청소년상담복지센터 (본소)	031 − 533 − 1318
포천시청소년상담복지센터(포천 분소)	031 − 536 − 1388
하남시청소년상담복지센터	031 − 790 − 6680
화성시청소년상담복지센터 (본소)	031 − 225 − 1318, 031 − 225 − 0924
화성시청소년상담복지센터 (향남분소)	031 − 225 − 1318, 031 − 225 − 0924
강원도청소년상담복지센터	033 − 256 − 9803, 033 − 256 − 9804
강릉시청소년상담복지센터	033 − 646 − 7942

기관명	연락처
동해시청소년상담복지센터	033 − 535 − 1388
속초시청소년상담복지센터	033 − 638 − 1388
영월군청소년상담복지센터	033 − 375 − 1318
원주시청소년상담복지센터	033 − 744 − 1388
정선군청소년상담복지센터	033 − 591 − 1313
철원군청소년상담복지센터	033 − 452 − 2000
춘천시청소년상담복지센터	033 − 818 − 1388
태백시청소년상담복지센터	033 − 582 − 1377
홍천군청소년상담복지센터	033 − 433 − 1386
횡성군청소년상담복지센터	033 − 344 − 1388
충청북도청소년상담복지센터	043 − 258 − 2000
괴산군청소년상담복지센터	043 − 830 − 3826
단양군청소년상담복지센터	043 − 421 − 8370
보은군청소년상담복지센터	043 − 542 − 1388
서청주청소년상담복지센터	043 − 297 − 1388
영동군청소년상담복지센터	043 − 744 − 5700
옥천군청소년상담복지센터	043 − 731 − 1388
음성군청소년상담복지센터	043 − 873 − 1318
제천시청소년상담복지센터	043 − 642 − 7949
증평군청소년상담복지센터	043 − 835 − 4188
진천군청소년상담복지센터	043 − 536 − 3430
청주시청소년상담복지센터	043 − 275 − 1388
충주시청소년상담복지센터	043 − 842 − 2007
충청남도청소년상담복지센터	041 − 554 − 2130
계룡시청소년상담복지센터	042 − 551 − 1318
공주시청소년상담복지센터	041 − 856 − 1388
금산군청소년상담복지센터	041 − 751 − 2007
논산시청소년상담복지센터	041 − 736 − 2041
당진시청소년상담복지센터	041 − 357 − 2000
보령시청소년상담복지센터	041 − 936 − 5710
부여군청소년상담복지센터	041 − 836 − 1898
서산시청소년상담복지센터	041 − 669 − 2000
서천군청소년상담복지센터	041 − 953 − 4040
아산시청소년상담복지센터	041 − 532 − 2000
예산군청소년상담복지센터	041 − 335 − 1388

기관명	연락처
천안시청소년상담복지센터	041 − 622 − 1388
청양군청소년상담복지센터	041 − 942 − 9596
태안군청소년상담복지센터	041 − 674 − 2800
홍성군청소년상담복지센터	041 − 634 − 4858
전라북도청소년상담복지센터	063 − 276 − 6291
고창군청소년상담복지센터	063 − 563 − 6792
군산시청소년상담복지센터	063 − 466 − 1388
김제시청소년상담복지센터	063 − 544 − 1377
남원시청소년상담복지센터	063 − 635 − 1388
무주군청소년상담복지센터	063 − 323 − 7717
부안군청소년상담복지센터	063 − 583 − 8772
순창군청소년상담복지센터	063 − 653 − 4646
완주군청소년상담복지센터	063 − 291 − 7373
익산시청소년상담복지센터	063 − 852 − 1388
임실군청소년상담복지센터	063 − 644 − 1388
장수군청소년상담복지센터	063 − 351 − 5161
전주시청소년상담복지센터	063 − 236 − 1388
정읍시청소년상담복지센터	063 − 531 − 3000
진안군청소년상담복지센터	063 − 433 − 2377
전라남도청소년상담복지센터	061 − 280 − 9001
강진군청소년상담복지센터	061 − 432 − 1388
고흥군청소년상담복지센터	061 − 834 − 1317 ~8
곡성군청소년상담복지센터	061 − 363 − 9584
광양시청소년상담복지센터	061 − 795 − 1388
구례군청소년상담복지센터	061 − 782 − 0884
나주시청소년상담복지센터	061 − 334 − 1388
담양군청소년상담복지센터	061 − 381 − 1386
목포시청소년상담복지센터	061 − 272 − 2440
무안군청소년상담복지센터	061 − 454 − 5284
보성군청소년상담복지센터	061 − 853 − 1388
순천시청소년상담복지센터	061 − 745 − 1388
신안군청소년상담복지센터	061 − 240 − 8703
여수시청소년상담복지센터	061 − 663 − 2000
영광군청소년상담복지센터	061 − 353 − 1388

기관명	연락처
영암군청소년상담복지센터	061 – 471 – 8375
완도군청소년상담복지센터	061 – 554 – 1318
장성군청소년상담복지센터	061 – 817 – 1388
장흥군청소년상담복지센터	061 – 863 – 1318
진도군청소년상담복지센터	061 – 544 – 5122
함평군청소년상담복지센터	061 – 323 – 1324
해남군청소년상담복지센터	061 – 537 – 1388
화순군청소년상담복지센터	061 – 375 – 7442
경상북도청소년상담복지센터	054 – 1388
경산시청소년상담복지센터	053 – 812 – 1318
경주시청소년상담복지센터	054 – 742 – 1388
고령군청소년상담복지센터	054 – 956 – 1383
구미시청소년상담복지센터	054 – 443 – 1387
군위군청소년상담복지센터	054 – 382 – 1388
김천시청소년상담복지센터	054 – 435 – 1388
문경시청소년상담복지센터	054 – 556 – 1389
봉화군청소년상담복지센터	054 – 674 – 1388
상주시청소년상담복지센터	054 – 535 – 3511
성주군청소년상담복지센터	054 – 931 – 1398
안동시청소년상담복지센터	054 – 859 – 1318
영덕군청소년상담복지센터	054 – 732 – 1318
영주시청소년상담복지센터	054 – 634 – 1318
영천시청소년상담복지센터	054 – 338 – 1388
예천군청소년상담복지센터	054 – 654 – 9901
울진군청소년상담복지센터	054 – 781 – 0079
의성군청소년상담복지센터	054 – 834 – 7933
청도군청소년상담복지센터	054 – 373 – 1610
청송군청소년상담복지센터	054 – 872 – 7626
칠곡군청소년상담복지센터	054 – 971 – 0418
포항시청소년상담복지센터	054 – 252 – 0020
경상남도청소년지원재단	055 – 711 – 1388
거제시청소년상담복지센터	055 – 636 – 2000
거창군청소년상담복지센터	055 – 941 – 2000
고성군청소년상담복지센터	055 – 673 – 6882
김해시청소년상담복지센터(본소)	055 – 325 – 2000

기관명	연락처
김해시청소년상담복지센터 (서부)	055 – 330 – 7920
남해군청소년상담복지센터	055 – 863 – 5279
밀양시청소년상담복지센터	055 – 355 – 2000
사천시청소년상담복지센터	055 – 835 – 4199
산청군청소년상담복지센터	055 – 973 – 8423
양산시청소년상담복지센터(본소)	055 – 372 – 2000
양산시청소년상담복지센터(웅상 분소)	055 – 367 – 1318
의령군청소년상담복지센터	055 – 570 – 2427
진주시청소년상담복지센터	055 – 744 – 2000
창녕군청소년상담복지센터	055 – 532 – 2000
창원시마산청소년상담복지센터	055 – 245 – 7941, 055 – 245 – 7925
창원시진해청소년상담복지센터	055 – 551 – 2000
창원시창원청소년상담복지센터	055 – 273 – 2000
통영시청소년상담복지센터	055 – 644 – 2000
하동군청소년상담복지센터	055 – 883 – 3000
함안군청소년상담복지센터	055 – 583 – 0924
함양군청소년상담복지센터	055 – 963 – 7922
합천군청소년상담복지센터	055 – 932 – 5499
울산광역시청소년상담복지센터	052 – 1388
울산남구청소년상담복지센터	052 – 291 – 1388
울산동구청소년상담복지센터	052 – 233 – 5279
울산북구청소년상담복지센터	052 – 283 – 1388
울산울주군청소년상담복지센터	052 – 229 – 1388
세종특별자치시청소년상담복지 센터	044 – 867 – 2022
제주특별자치도청소년상담복 지센터	064 – 759 – 9951
서귀포시청소년상담복지센터	064 – 763 – 9191
제주시청소년상담복지센터	064 – 725 – 7999
〈Wee센터〉 – 서울	
북부Wee센터	02 – 949 – 7887
서부Wee센터	02 – 390 – 5585

기관명	연락처
서울통합Wee센터	02 – 3999 – 505
성동광진Wee센터	02 – 2205 – 3633
성북강북Wee센터	02 – 917 – 7887
중부Wee센터	02 – 722 – 7887
학업중단예방Wee센터	02 – 3999 – 098
강남서초Wee센터	02 – 3444 – 7887
강동송파Wee센터	02 – 3431 – 7887
강서양천Wee센터	02 – 2665 – 7179
남부SOS통합Wee센터	02 – 864 – 8416
남부Wee센터	02 – 2677 – 7887
남부교육지원청 꿈세움Wee센터	02 – 2625 – 9128
동부Wee센터	02 – 2233 – 7883
동작관악Wee센터	02 – 884 – 7887
마음이랑 Wee센터	02 – 2297 – 7887
밝음이랑Wee센터	02 – 853 – 2460
– 경기	
가평교육지원청Wee센터	031 – 580 – 5174
고양교육지원청Wee센터	031 – 901 – 9173
광명교육지원청Wee센터	02 – 2610 – 1472
광주하남교육지원청Wee센터	031 – 760 – 4092
구리남양주교육지원청Wee센터	031 – 550 – 6132
군포의왕교육지원청Wee센터	031 – 390 – 1113
김포교육지원청Wee센터	031 – 985 – 3986
동두천양주교육지원청Wee센터	031 – 860 – 4354
부천교육지원청Wee센터	070 – 7099 – 2175
성남교육지원청Wee센터	031 – 780 – 2655
수원교육지원청Wee센터	031 – 246 – 0818
시흥교육지원청Wee센터	031 – 488 – 2417
안산교육지원청Wee센터	031 – 508 – 5805
안성교육지원청Wee센터	031 – 678 – 5285
안양과천교육지원청Wee센터	031 – 380 – 7070
양평교육지원청Wee센터	031 – 770 – 5284
여주교육지원청Wee센터	031 – 883 – 2795

기관명	연락처
연천교육지원청Wee센터	031 – 839 – 0129
용인교육지원청Wee센터	031 – 889 – 5890
의정부교육지원청Wee센터	031 – 820 – 0093
이천교육지원청Wee센터	031 – 639 – 5638
파주교육지원청Wee센터	070 – 4918 – 2422
평택교육지원청Wee센터	031 – 665 – 0806
포천교육지원청Wee센터	031 – 539 – 0026
화성오산교육지원청Wee센터	031 – 371 – 0658
– 인천	
강화교육지원청Wee센터	032 – 930 – 7820
남부교육지원청Wee센터	032 – 764 – 7179
동부교육지원청Wee센터	032 – 460 – 6371
북부교육지원청Wee센터	032 – 510 – 5467
서부교육지원청Wee센터	032 – 555 – 7179
인천광역시교육청Wee센터	032 – 432 – 7179
– 충남	
공주교육지원청Wee센터	041 – 850 – 2339
금산교육지원청Wee센터	041 – 750 – 8813
논산계룡교육지원청Wee센터	041 – 730 – 7146
당진교육지원청Wee센터	041 – 351 – 2534
보령교육지원청 Wee센터	041 – 930 – 6380
부여교육지원청Wee센터	041 – 830 – 8290
서산교육지원청Wee센터	041 – 660 – 0347
서천교육지원청Wee센터	041 – 951 – 9435
아산교육지원청Wee센터	041 – 539 – 2480
예산교육지원청Wee센터	041 – 330 – 3671
천안교육지원청Wee센터	041 – 629 – 0401
청양교육지원청Wee센터	041 – 940 – 4490
태안교육지원청Wee센터	041 – 670 – 8252
홍성교육지원청Wee센터	041 – 630 – 5553
– 충북	
괴산증평교육지원청Wee센터	043 – 830 – 5079
단양교육지원청Wee센터	043 – 420 – 6121
보은교육지원청Wee센터	043 – 540 – 5556
영동교육지원청Wee센터	043 – 740 – 7725

기관명	연락처
옥천교육지원청Wee센터	043 – 731 – 5062
음성교육지원청Wee센터	043 – 872 – 3351
제천교육지원청Wee센터	043 – 653 – 0179
진천교육지원청Wee센터	043 – 530 – 5361
청주교육지원청Wee센터	043 – 270 – 5853
충주교육지원청Wee센터	043 – 845 – 0252
— 대전	
대전시교육청 Wee센터	042 – 480 – 7878
동부교육지원청Wee센터	042 – 229 – 1250
서부교육지원청Wee센터	042 – 530 – 1004
— 전남	
강진교육지원청Wee센터	061 – 430 – 1533
고흥교육지원청Wee센터	061 – 830 – 2074
곡성교육지원청Wee센터	061 – 362 – 3994
광양교육지원청Wee센터	061 – 762 – 2821
구례교육지원청Wee센터	061 – 780 – 6690
나주교육지원청Wee센터	061 – 337 – 7179
담양교육지원청Wee센터	061 – 383 – 7179
목포교육지원청Wee센터	061 – 280 – 6624
무안교육지원청Wee센터	061 – 450 – 7025
보성교육지원청Wee센터	061 – 850 – 7125
순천교육지원청Wee센터	061 – 729 – 7779
신안교육지원청Wee센터	061 – 240 – 3690
여수교육지원청Wee센터	061 – 690 – 0833
영광교육지원청Wee센터	061 – 350 – 6645
영암교육지원청Wee센터	061 – 470 – 4135
완도교육지원청Wee센터	061 – 550 – 0575
장성교육지원청Wee센터	061 – 390 – 6195
장흥교육지원청Wee센터	061 – 860 – 1294
진도교육지원청Wee센터	061 – 540 – 5115
함평교육지원청Wee센터	061 – 320 – 6631
해남교육지원청Wee센터	061 – 530 – 1147
화순교육지원청Wee센터	061 – 370 – 7196
— 전북	
고창교육지원청Wee센터	063 – 560 – 1616

기관명	연락처
군산교육지원청Wee센터	063 – 450 – 2680
김제교육지원청Wee센터	063 – 540 – 2551
남원교육지원청Wee센터	063 – 635 – 8530
무주교육지원청Wee센터	063 – 324 – 3399
부안교육지원청Wee센터	063 – 580 – 7448
순창교육지원청Wee센터	063 – 650 – 6322
완주교육지원청Wee센터	063 – 270 – 7696
익산교육지원청 제1 Wee센터	063 – 850 – 8990
익산교육지원청 제2 Wee센터	063 – 852 – 4501
임실교육지원청Wee센터	063 – 640 – 3571
장수교육지원청Wee센터	063 – 350 – 5226
전주교육지원청덕진Wee센터	063 – 253 – 9214
전주교육지원청완산Wee센터	063 – 253 – 9523
정읍교육지원청Wee센터	063 – 530 – 3080
진안교육지원청Wee센터	063 – 430 – 6294
— 광주	
동부교육지원청Wee센터	062 – 605 – 5700
서부교육지원청Wee센터	062 – 600 – 9816
서부교육지원청광산Wee센터	062 – 974 – 0078
— 경남	
거제교육지원청Wee센터	055 – 636 – 9673
거창교육지원청Wee센터	055 – 940 – 6191
고성교육지원청Wee센터	055 – 673 – 3801
김해교육지원청Wee센터	070 – 8767 – 7571
남해교육지원청Wee센터	055 – 864 – 3653
밀양교육지원청Wee센터	055 – 350 – 1494
사천교육지원청Wee센터	055 – 830 – 1544
산청교육지원청Wee센터	055 – 970 – 3037
양산교육지원청Wee센터	055 – 379 – 3053
의령교육지원청Wee센터	055 – 570 – 7131
진주교육지원청Wee센터	055 – 740 – 2091
창녕교육지원청Wee센터	055 – 530 – 3505
창원교육지원청Wee센터	055 – 210 – 0461
통영교육지원청Wee센터	055 – 650 – 8025
하동교육지원청Wee센터	055 – 880 – 1952

기관명	연락처
함안교육지원청Wee센터	055 - 580 - 8048
함양교육지원청Wee센터	055 - 960 - 2723
합천교육지원청Wee센터	055 - 930 - 7060
－ 경북	
경산교육지원청Wee센터	053 - 810 - 7508
경주교육지원청Wee센터	054 - 743 - 7142
고령교육지원청Wee센터	054 - 950 - 2592
구미교육지원청Wee센터	054 - 465 - 6279
군위교육지원청Wee센터	054 - 380 - 8240
김천교육지원청Wee센터	054 - 420 - 5288
문경교육지원청Wee센터	054 - 550 - 5531
봉화교육지원청Wee센터	054 - 679 - 1790
상주교육지원청Wee센터	054 - 531 - 9940
성주교육지원청Wee센터	054 - 930 - 2075
안동교육지원청Wee센터	054 - 859 - 9501
영덕교육지원청Wee센터	054 - 730 - 8015
영양교육지원청Wee센터	054 - 680 - 2281
영주교육지원청Wee센터	054 - 630 - 4214
영천교육지원청Wee센터	054 - 330 - 2328
예천교육지원청Wee센터	054 - 650 - 2552
울릉교육지원청Wee센터	054 - 790 - 3032
울진교육지원청Wee센터	054 - 782 - 9915
의성교육지원청Wee센터	054 - 830 - 1125
청도교육지원청Wee센터	054 - 370 - 1122
청송교육지원청Wee센터	054 - 874 - 9360
칠곡교육지원청Wee센터	054 - 979 - 2129
포항교육지원청Wee센터	054 - 244 - 2090
－ 대구	
경북Wee센터	053 - 326 - 9279
남부교육지원청Wee센터	053 - 234 - 0151
달성교육지원청Wee센터	053 - 235 - 0060
대구가톨릭Wee센터	053 - 654 - 1388
대동Wee센터	053 - 746 - 7380
동부교육지원청Wee센터	053 - 232 - 0022
동산Wee센터	053 - 431 - 0288

기관명	연락처
서부교육지원청Wee센터	053 - 233 - 0023
영남Wee센터	053 - 217 - 2323
－ 세종	
세종시교육청 세종아람Wee센터	044 - 715 - 7979
세종시교육청Wee센터	044 - 320 - 2470
－ 강원	
강릉교육지원청Wee센터	033 - 640 - 1280
고성교육지원청Wee센터	033 - 680 - 6025
동해교육지원청Wee센터	033 - 530 - 3035
삼척교육지원청Wee센터	033 - 570 - 5104
속초양양교육지원청Wee센터	033 - 639 - 6054
양구교육지원청Wee센터	033 - 482 - 8753
영월교육지원청Wee센터	033 - 370 - 1133
원주교육지원청Wee센터	033 - 760 - 5691
인제교육지원청Wee센터	033 - 460 - 1005
정선교육지원청Wee센터	033 - 562 - 5877
철원교육지원청Wee센터	033 - 452 - 1007
춘천교육지원청Wee센터	033 - 259 - 1691
태백교육지원청 Wee센터	033 - 581 - 0804
평창교육지원청Wee센터	033 - 330 - 1794
홍천교육지원청Wee센터	033 - 433 - 9232
화천교육지원청Wee센터	033 - 441 - 9924
횡성교육지원청Wee센터	033 - 340 - 0382
－ 부산	
남부교육지원청Wee센터	051 - 640 - 0205
동래교육지원청Wee센터	051 - 801 - 9190
북부교육지원청Wee센터	051 - 330 - 1361
서부교육지원청Wee센터	051 - 244 - 3266
해운대교육지원청Wee센터	051 - 709 - 0483
－ 제주	
서귀포시교육지원청Wee센터	064 - 730 - 8181
제주시교육청Wee센터	064 - 754 - 1252

기관명	연락처
〈학교밖 청소년 지원센터〉	
- 서울	
용산구 청소년지원센터 꿈드림	02-706-1318
중랑구 청소년지원센터 꿈드림	02-490-0222
강북구 청소년지원센터 꿈드림	02-6715-6665, 6667
도봉구 청소년지원센터 꿈드림	02-950-9646
서울특별시 청소년지원센터 꿈드림	02-2285-1318
노원구 청소년지원센터 꿈드림	02-2091-1388
광진구 청소년지원센터 꿈드림	02-2205-2300
성북구 청소년지원센터 꿈드림	02-3292-1780
동대문구 청소년지원센터 꿈드림	02-2237-1318
중구 청소년지원센터 꿈드림	02-2250-0543
성동구 청소년지원센터 꿈드림	02-2299-1388
은평구 청소년지원센터 꿈드림	02-384-1318
서대문구 청소년지원센터 꿈드림	02-3141-1388
마포구 청소년지원센터 꿈드림	02-3153-5900
강서구 청소년지원센터 꿈드림	02-3662-1388
구로구 청소년지원센터 꿈드림	02-863-1318
금천구 청소년지원센터 꿈드림	02-803-1873
영등포구 청소년지원센터 꿈드림	02-2637-1318
동작구 청소년지원센터 꿈드림	02-834-1358
관악구 청소년지원센터 꿈드림	02-877-9400
서초구 청소년지원센터 꿈드림	070-4858-1837~8
강남구 청소년지원센터 꿈드림	02-2226-8555
송파구 청소년지원센터 꿈드림	02-3402-1318
강동구 청소년지원센터 꿈드림	02-6252-1388
양천구 청소년지원센터 꿈드림	02-2645-1318
- 경기	
경기도 청소년지원센터 꿈드림	031-253-1519
고양시 청소년지원센터 꿈드림	031-970-4032
가평군 청소년지원센터 꿈드림	031-582-2000
과천시 청소년지원센터 꿈드림	02-2150-3991
광명시 청소년지원센터 꿈드림	02-6677-1318

기관명	연락처
광주시 청소년지원센터 꿈드림	031-760-8741
구리시 청소년지원센터 꿈드림	031-565-1388
군포시 청소년지원센터 꿈드림	031-399-1366
김포시 청소년지원센터 꿈드림	031-980-1691~6
남양주시 청소년지원센터 꿈드림	031-590 3951
동두천시 청소년지원센터 꿈드림	031-865-2000
부천시 청소년지원센터 꿈드림	032-325-3002
성남시 청소년지원센터 꿈드림	031-729-9171~6
수원시 청소년지원센터 꿈드림	031-236-1318
시흥시 청소년지원센터 꿈드림	031-318-7100
안산시 청소년지원센터 꿈드림	031-414-1318
안성시 청소년지원센터 꿈드림	070-7458-1311
안양시 청소년지원센터 꿈드림	031-8045-5012
양주시 청소년지원센터 꿈드림	031-8082-4121
양평군 청소년지원센터 꿈드림	031-775-1317
여주시 청소년지원센터 꿈드림	031-882-8889
오산시 청소년지원센터 꿈드림	031-372-4004
용인시 청소년지원센터 꿈드림	031-328-9840
의왕시 청소년지원센터 꿈드림	031-459-1334
의정부시 청소년지원센터 꿈드림	031-828-9571
이천시 청소년지원센터 꿈드림	031-634-2777
파주시 청소년지원센터 꿈드림	031-946-0022
평택시 청소년지원센터 꿈드림	031-692-1306~8
포천시 청소년지원센터 꿈드림	031-538-3398
하남시 청소년지원센터 꿈드림	031-790-6304~5
화성시 청소년지원센터 꿈드림	031-278-0179
- 인천	
인천광역시 청소년지원센터 꿈드림	032-721-2300
계양구 청소년지원센터 꿈드림	032-547-0853

기관명	연락처
미추홀구 청소년지원센터 꿈드림	032－868－9846 ~7
남동구 청소년지원센터 꿈드림	032－453－5877 ~8
동구 청소년지원센터 꿈드림	032－777－1383
연수구 청소년지원센터 꿈드림	032－822－9840 ~1
중구 청소년지원센터 꿈드림	032－765－1009
서구 청소년지원센터 꿈드림	032－584－1387
부평구 청소년지원센터 꿈드림	032－509－8916
－ 충청북도	
충청북도 청소년지원센터 꿈드림	043－257－0105~6
청주시 청소년지원센터 꿈드림	043－223－0753
서청주 청소년지원센터 꿈드림	043－264－8807 ~8
충주시 청소년지원센터 꿈드림	043－842－2007
제천시 청소년지원센터 꿈드림	043－642－7949
괴산군 청소년지원센터 꿈드림	043－830－3828
단양군 청소년지원센터 꿈드림	043－421－8370
보은군 청소년지원센터 꿈드림	043－542－1388
영동군 청소년지원센터 꿈드림	043－744－5700
옥천군 청소년지원센터 꿈드림	043－731－1388
음성군 청소년지원센터 꿈드림	043－872－9024
증평군 청소년지원센터 꿈드림	043－835－4193
진천군 청소년지원센터 꿈드림	043－536－3430
－ 충청남도	
충청남도 청소년지원센터 꿈드림	041－554－1380
천안시 청소년지원센터 꿈드림	041－523－1318
공주시 청소년지원센터 꿈드림	041－854－7942
보령시 청소년지원센터 꿈드림	041－935－1388
아산시 청소년지원센터 꿈드림	041－544－1388
서산시 청소년지원센터 꿈드림	041－669－2000
논산시 청소년지원센터 꿈드림	041－736－2041
계룡시 청소년지원센터 꿈드림	042－841－0343
당진시 청소년지원센터 꿈드림	041－360－6961

기관명	연락처
금산군 청소년지원센터 꿈드림	041－751－1383
서천군 청소년지원센터 꿈드림	041－953－4040
청양군 청소년지원센터 꿈드림	041－942－1387
홍성군 청소년지원센터 꿈드림	041－642－1388
예산군 청소년지원센터 꿈드림	041－335－1388
태안군 청소년지원센터 꿈드림	041－674－2800
－ 대전	
대전광역시 청소년지원센터 꿈드림	042－222－1388
서구 청소년지원센터 꿈드림	042－527－1388
유성구 청소년지원센터 꿈드림	042－826－1388
－ 세종	
세종특별시 청소년지원센터 꿈드림	044－868－1318
－ 전라북도	
전라북도 청소년지원센터 꿈드림	063－273－1388
김제시 청소년지원센터 꿈드림	063－545－0112
정읍시 청소년지원센터 꿈드림	063－531－3000
전주시 청소년지원센터 꿈드림	063－227－1005
무주군 청소년지원센터 꿈드림	063－324－6688
완주군 청소년지원센터 꿈드림	063－291－3303
익산시 청소년지원센터 꿈드림	063－852－1388
군산시 청소년지원센터 꿈드림	063－468－2870
순창군 청소년지원센터 꿈드림	063－652－1388
남원시 청소년지원센터 꿈드림	063－633－1977
－ 전라남도	
나주시 청소년지원센터 꿈드림	061－335－1388
전라남도 청소년지원센터 꿈드림	061－242－7474
목포시 청소년지원센터 꿈드림	061－284－0924
여수시 청소년지원센터 꿈드림	070－8824－1318
순천시 청소년지원센터 꿈드림	061－749－4236
광양시 청소년지원센터 꿈드림	061－795－7008
담양군 청소년지원센터 꿈드림	061－381－1382
곡성군 청소년지원센터 꿈드림	061－363－9586
보성군 청소년지원센터 꿈드림	061－853－1381

기관명	연락처
강진군 청소년지원센터 꿈드림	061 – 432 – 1388
해남군 청소년지원센터 꿈드림	061 – 537 – 1318
무안군 청소년지원센터 꿈드림	061 – 454 – 5285
함평군 청소년지원센터 꿈드림	061 – 323 – 9995
영광군 청소년지원센터 꿈드림	061 – 353 – 6188
장성군 청소년지원센터 꿈드림	061 – 393 – 1387
신안군 청소년지원센터 꿈드림	061 – 240 – 8703
– 광주	
광주광역시 청소년지원센터 꿈드림	062 – 376 – 1324
동구 청소년지원센터 꿈드림	062 – 673 – 1318
서구 청소년지원센터 꿈드림	062 – 710 – 1388
남구 청소년지원센터 꿈드림	062 – 716 – 1324
북구 청소년지원센터 꿈드림	062 – 268 – 1318
광산구 청소년지원센터 꿈드림	062 – 951 – 1378
– 경상북도	
칠곡군 청소년지원센터 꿈드림	054 – 971 – 0425
고령군 청소년지원센터 꿈드림	054 – 956 – 1320
봉화군 청소년지원센터 꿈드림	054 – 674 – 1318
경상북도 청소년지원센터 꿈드림	054 – 850 – 1003
포항시 청소년지원센터 꿈드림	054 – 240 – 9171
경주시 청소년지원센터 꿈드림	054 – 760 – 7744 ~5
김천시 청소년지원센터 꿈드림	054 – 431 – 2009
안동시 청소년지원센터 꿈드림	054 – 841 – 7937
구미시 청소년지원센터 꿈드림	054 – 472 – 2000, 1388
영주시 청소년지원센터 꿈드림	054 – 639 – 5865
영천시 청소년지원센터 꿈드림	054 – 338 – 2000
상주시 청소년지원센터 꿈드림	054 – 537 – 6723 ~4
문경시 청소년지원센터 꿈드림	054 – 550 – 6600
경산시 청소년지원센터 꿈드림	053 – 815 – 4106
울진군 청소년지원센터 꿈드림	054 – 789 – 5436

기관명	연락처
– 경상남도	
창녕군 청소년지원센터 꿈드림	055 – 532 – 2000
창원시 마산 청소년지원센터 꿈드림	055 – 225 – 7293
경상남도 청소년지원센터 꿈드림	055 – 711 – 1336
창원시 청소년지원센터 꿈드림	055 – 225 – 3893 ~4
진주시 청소년지원센터 꿈드림	055 – 744 – 8484
통영시 청소년지원센터 꿈드림	055 – 644 – 2000
사천시 청소년지원센터 꿈드림	055 – 832 – 7942
김해시 청소년지원센터 꿈드림	055 – 324 – 9190
밀양시 청소년지원센터 꿈드림	055 – 352 – 0924
거제시 청소년지원센터 꿈드림	055 – 639 – 4980
양산시 청소년지원센터 꿈드림 (본소)	055 – 372 – 2000
양산시 청소년지원센터 꿈드림 (음상분소)	055 – 367 – 1318
의령군 청소년지원센터 꿈드림	055 – 573 – 1388
함안군 청소년지원센터 꿈드림	055 – 583 – 0921
고성군 청소년지원센터 꿈드림	055 – 670 – 2921
남해군 청소년지원센터 꿈드림	055 – 864 – 7962
하동군 청소년지원센터 꿈드림	055 – 884 – 3001
산청군 청소년지원센터 꿈드림	055 – 970 – 6591
함양군 청소년지원센터 꿈드림	055 – 963 – 7922
거창군 청소년지원센터 꿈드림	055 – 940 – 3969
합천군 청소년지원센터 꿈드림	055 – 930 – 3911
– 대구	
대구광역시 청소년지원센터 꿈드림	053 – 431 – 1388 ~7
중구 청소년지원센터 꿈드림	053 – 422 – 2121
동구 청소년지원센터 꿈드림	053 – 963 – 9400
서구 청소년지원센터 꿈드림	053 – 216 – 8310
남구 청소년지원센터 꿈드림	053 – 652 – 5656
북구 청소년지원센터 꿈드림	053 – 384 – 6985
수성구 청소년지원센터 꿈드림	053 – 666 – 4205 ~6

기관명	연락처
달서구 청소년지원센터 꿈드림	053 – 592 – 1378
달성군 청소년지원센터 꿈드림	053 – 617 – 1388
－ 강원도	
속초시 청소년지원센터 꿈드림	033 – 635 – 0924
강원도 청소년지원센터 꿈드림	033 – 257 – 9805
강릉시 청소년지원센터 꿈드림	033 – 655 – 1388
동해시 청소년지원센터 꿈드림	033 – 535 – 1038
영월군 청소년지원센터 꿈드림	033 – 375 – 1318
원주시 청소년지원센터 꿈드림	033 – 813 – 1318, 1319
정선군 청소년지원센터 꿈드림	033 – 591 – 1311
철원군 청소년지원센터 꿈드림	033 – 450 – 5388
홍천군 청소년지원센터 꿈드림	033 – 432 – 1386
춘천시청소년지원센터 꿈드림	033 – 818 – 1318
－ 울산	
울산광역시 청소년지원센터 꿈드림	052 – 227 – 2000
남구 청소년지원센터 꿈드림	052 – 291 – 1388
동구 청소년지원센터 꿈드림	052 – 232 – 5900
울주군 청소년지원센터 꿈드림	052 – 229 – 9634 ~5
북구 청소년지원센터 꿈드림	052 – 283 – 1388
－ 부산	
부산광역시 청소년지원센터 꿈드림	051 – 304 – 1318
강서구 청소년지원센터 꿈드림	051 – 972 – 4595
금정구 청소년지원센터 꿈드림	051 – 714 – 2079
기장군 청소년지원센터 꿈드림	051 – 792 – 4926 ~7
남구 청소년지원센터 꿈드림	051 – 621 – 4831
동래구 청소년지원센터 꿈드림	051 – 558 – 8833
부산진구 청소년지원센터 꿈드림	051 – 868 – 0950
북구 청소년지원센터 꿈드림	051 – 334 – 3003
사상구 청소년지원센터 꿈드림	051 – 316 – 2214
사하구 청소년지원센터 꿈드림	051 – 207 – 7179
서구 청소년지원센터 꿈드림	051 – 714 – 0701

기관명	연락처
수영구 청소년지원센터 꿈드림	051 – 759 – 8422
연제구 청소년지원센터 꿈드림	051 – 507 – 7658
영도구 청소년지원센터 꿈드림	051 – 405 – 5224
해운대구 청소년지원센터 꿈드림	051 – 715 – 1377 ~9
－ 제주	
제주특별자치도 청소년지원센터 꿈드림	064 – 759 – 9951
제주시 청소년지원센터 꿈드림	064 – 725 – 7999
서귀포시 청소년지원센터 꿈드림	064 – 763 – 9191

노인 관련 기관

기관명	연락처
〈노인보호전문기관〉	
중앙	02 – 3667 – 1389
서울남부	02 – 3472 – 1389
서울북부	02 – 921 – 1389
경기남부	031 – 736 – 1389
경기서부	032 – 683 – 1389
경기북부	031 – 821 – 1461
인천	032 – 426 – 8792~4
충북	043 – 259 – 8120~2
충북북부	043 – 846 – 1380~2
충남	041 – 534 – 1389
충남남부	041 – 734 – 1388,1389
대구남부	053 – 472 – 1389
대구북부	053 – 357 – 1389
전북	063 – 273 – 1389
전북서부	063 – 443 – 1389
전남	061 – 753 – 1389
전남서부	061 – 281 – 2391
광주	062 – 655 – 4155~7
경북	054 – 248 – 1389
경북서북부	054 – 655 – 1389,1390
경북서남부	054 – 436 – 1390
경남	055 – 222 – 1389
경남서부	055 – 754 – 1389
대전	042 – 472 – 1389
강원도	033 – 253 – 1389
강원동부	033 – 655 – 1389
강원남부	033 – 744 – 1389
울산	052 – 265 – 1380,1389
부산동부	051 – 468 – 8850
부산서부	051 – 867 – 9119
제주	064 – 757 – 3400
제주서귀포시	064 – 763 – 1999
한국노인의전화	062 – 351 – 5070

건강가정·다문화가족지원센터

기관명	연락처
〈건강가정·다문화가족지원센터〉 - 서울	
강남구	02-3412-2222
강동구	02-471-0812, 02-473-4986
강북구	02-987-2567
강서구	02-2606-2017
관악구	
관악구 (2센터)	02-883-9383, 02-883-9390
광진구	02-458-0622
구로구	02-830-0450
금천구	02-803-7747
노원구	02-979-3501
도봉구	02-995-6800
동대문구	02-957-0760
동작구	02-599-3301, 02-599-3260
마포구	02-3142-5482, 02-3142-5027
서대문구	02-322-7595
서울시	02-318-0227
서초구	
서초구 (2센터)	02-576-2852
성동구	02-3395-9447
성북구	02-3290-1660, 02-922-3304
송파구	02-443-3844
양천구	02-2065-3400
영등포구	02-2678-2193
용산구	02-797-9184
은평구	02-376-3761
종로구	02-764-3524
중구	02-2279-3891
중랑구	02-435-4142
- 경기	
가평군	070-7510-5871

기관명	연락처
경기도	031-8008-8008
고양시	031-969-4041
과천시	02-503-0070
광명시	02-2615-0453
광주시	031-798-7137
구리시	031-556-3874
군포시	031-392-1811
김포시	031-996-5920
남양주시	031-556-8212
동두천시	031-863-3801, 031-863-3802
부천시	032-326-4212
성남시	031-755-9327
수원시	031-245-1310,1
시흥시	031-317-4522, 031-317-4524
안산시	031-501-0033
안성시	031-677-9336, 031-677-7191
안양시	031-8045-5572
양주시	031-858-5681
양평군	031-775-5957
여주시	031-886-0321
연천군	031-835-0093
오산시	031-378-9766, 031-372-1335
용인시	031-323-7131
의왕시	031-429-8931
의정부시	031-878-7117, 031-878-7880
이천시	031-637-5525
파주시	031-949-9161
평택시	031-615-3952
포천시	1577-9337, 031-532-2062
하남시	031-790-2966
화성시	031-267-8787
- 인천	
강화군	032-932-1005, 032-933-0980

기관명	연락처
계양구	032 – 547 – 1017
남동구	032 – 467 – 3904
미추홀구	032 – 875 – 2993
부평구	032 – 508 – 0121
연수구	032 – 851 – 2730
인천동구	032 – 760 – 4904
인천서구	032 – 569 – 1560
인천중구	032 – 763 – 9337
– 충청북도	
괴산군	043 – 832 – 1078
음성군	043 – 873 – 8731
제천시	043 – 645 – 1995
증평군	043 – 835 – 3572
진천군	043 – 537 – 5435
청주시	043 – 263 – 1817
충주시	043 – 857 – 5960
– 충청남도	
공주시	041 – 853 – 0881
금산군	041 – 750 – 3990
논산시	041 – 733 – 7800
당진시	041 – 360 – 3200
보령시	041 – 934 – 3133
서산시	041 – 664 – 2710
서천군	041 – 953 – 3808
아산시	041 – 548 – 9772
예산군	041 – 332 – 1366
천안시	070 – 7733 – 8300
태안군	041 – 670 – 2523, 041 – 670 – 2396
홍성군	041 – 631 – 9337
– 대전	
대전서구	042 – 520 – 5928
대전시	042 – 252 – 9989, 042 – 932 – 9995
– 세종	
세종시	044 – 862 – 9336
– 전라북도	

기관명	연락처
군산시	063 – 443 – 5300
남원시	063 – 631 – 6700
무주군	063 – 322 – 1130
완주군	063 – 261 – 1033
익산시	063 – 838 – 6046
전주시	063 – 231 – 0182
정읍시	063 – 535 – 1283
– 전라남도	
강진군	061 – 433 – 9004
곡성군	061 – 362 – 5411
광양시	061 – 797 – 6800
구례군	061 – 781 – 8003
나주시	061 – 331 – 0709
목포시	061 – 247 – 2311
보성군	061 – 852 – 2664
순천시	061 – 750 – 5353
여수시	061 – 659 – 4167
영광군	061 – 353 – 8880
영암군	061 – 463 – 2929
완도군	061 – 555 – 4100
장성군	061 – 393 – 5420
장흥군	061 – 864 – 4813
함평군	061 – 324 – 5431
해남군	061 – 534 – 0215, 061 – 534 – 0017
화순군	061 – 375 – 1057
– 광주	
광산구	062 – 959 – 9337
광주남구	062 – 351 – 9337
광주동구	062 – 234 – 5790
광주북구	062 – 430 – 2963
광주서구	062 – 369 – 0072
– 경상북도	
경산시	053 – 816 – 4071
구미시	054 – 443 – 0541
김천시	054 – 431 – 7740

기관명	연락처
상주시	054 – 531 – 3543
안동시	054 – 823 – 6008
영덕군	054 – 730 – 7373
영주시	054 – 634 – 5431
울릉군	054 – 791 – 0205
의성군	054 – 832 – 5440
청도군	054 – 373 – 8131
칠곡군	054 – 975 – 0833
포항시	054 – 244 – 9702
– 경상남도	
경상남도	055 – 716 – 2363
김해시	055 – 329 – 6355
밀양시	055 – 351 – 4404~4407
사천시	055 – 832 – 0345
산청군	055 – 972 – 1018
양산시	055 – 382 – 0988
의령군	055 – 573 – 8400
진주시	055 – 749 – 5445
창녕군	055 – 533 – 1305
창원시	055 – 225 – 3951
창원시마산	055 – 244 – 8745
통영시	055 – 640 – 7741, 7742
하동군	055 – 880 – 6520
함양군	055 – 963 – 2057
– 대구	
달서구	053 – 593 – 1511
달성군	053 – 636 – 7390
대구남구	053 – 471 – 2326, 053 – 475 – 2324
대구동구	053 – 961 – 2202
대구북구	053 – 327 – 2994, 053 – 327 – 2994
대구서구	053 – 355 – 8042, 053 – 341 – 8312
대구중구	053 – 431 – 1230
수성구	053 – 795 – 4300
– 강원	
강릉시	033 – 648 – 3019

기관명	연락처
고성군	033 – 681 – 9333
동해시	033 – 535 – 8377, 033 – 535 – 8378
삼척시	033 – 576 – 0761
속초시	033 – 637 – 2680
양구군	033 – 481 – 8664
양양군	033 – 670 – 2943
영월군	033 – 375 – 8400
원주시	033 – 764 – 8612
인제군	033 – 462 – 3651
정선군	033 – 562 – 3458 033 – 563 – 3458
철원군	033 – 452 – 7800
춘천시	033 – 251 – 8014
태백시	033 – 554 – 4003
평창군	033 – 332 – 2063 033 – 332 – 2064
홍천군	033 – 433 – 1915
화천군	033 – 442 – 2342
횡성군	033 – 344 – 3458~9
– 울산	
울산남구	052 – 274 – 3136
울산동구	052 – 232 – 3351
울산북구	052 – 286 – 0025
울산중구	052 – 248 – 1103
울주군	052 – 229 – 9600
– 부산	
금정구	051 – 513 – 2131
부산동래구	051 – 506 – 5765
부산시	051 – 330 – 3406
부산진구	051 – 802 – 2900
사상구	051 – 328 – 0042
사하구	051 – 203 – 4588
수영구	051 – 758 – 3073
연제구	051 – 851 – 5002
영도구	051 – 414 – 9605

기관명	연락처
해운대구	051－782－7002
－ 제주	
서귀포시	064－760－6488
제주시	064－725－8005, 064－725－8015

알코올 · 중독 관련 기관

기관명	연락처
한국마약퇴치운동본부 (중앙본부)	02 – 2677 – 2245
한국도박문제관리센터	1336
한국마약퇴치운동본부 (중독재활센터)	02 – 2679 – 0436~7
〈알코올 전문 병원〉	
다사랑중앙병원	1544 – 2838, 031 – 340 – 5040, 5009
진병원	1577 – 1581
카프병원	031 – 810 – 9200
예사랑병원	1566 – 1308, 043 – 298 – 7337
주사랑병원	043 – 286 – 0692
한사랑병원	055 – 722 – 7000, 7004(상담)
다사랑병원	062 – 380 – 3800
〈중독관리 통합지원센터〉 – 서울	
강북구중독관리통합지원센터	02 – 989 – 9223
구로중독관리통합지원센터	02 – 2679 – 9353
노원구중독관리통합지원센터	02 – 2116 – 3677
도봉중독관리통합지원센터	02 – 6082 – 6793
– 경기도	
성남시중독관리통합지원센터	031 – 751 – 2768
수원시중독관리통합지원센터	031 – 256 – 9478
안산시중독관리통합지원센터	031 – 411 – 8445
안양시중독관리통합지원센터	031 – 464 – 0175
파주시중독관리통합지원센터	031 – 948 – 8004
화성시중독관리통합지원센터 (정남분소)	031 – 354 – 6614
화성시중독관리통합지원센터 (동탄분소)	
의정부시중독관리통합지원센터	031 – 829 – 5001

기관명	연락처
– 인천	
계양구중독관리통합지원센터	032 – 555 – 8765
부평구중독관리통합지원센터	032 – 507 – 3404
인천동구중독관리통합지원 센터	032 – 764 – 1183
연수구중독관리통합지원센터	032 – 236 – 9477
인천남동구중독관리통합지원 센터	032 – 468 – 6412
– 충청북도	
청주시중독관리통합지원센터	043 – 272 – 0067
– 충청남도	
아산시중독관리통합지원센터	041 – 537 – 3332
천안시중독관리통합지원센터	041 – 577 – 8097
– 대전	
대덕구중독관리통합지원센터	042 – 635 – 8275
대전서구중독관리통합지원 센터	042 – 527 – 9125
대전동구중독관리통합지원 센터	042 – 286 – 8275
– 전라북도	
군산시중독관리통합지원센터	063 – 464 – 0061
전주시중독관리통합지원센터	063 – 223 – 4567
– 전라남도	
목포시중독관리통합지원센터	061 – 284 – 9694
여수시중독관리통합지원센터	061 – 659 – 4255
– 광주	
광주서구중독관리센터	062 – 654 – 3802
광주북구중독관리센터	062 – 526 – 3370
광주동구중독관리센터	062 – 222 – 5666
광주남구중독관리통합지원 센터	062 – 412 – 1461
광주광산구중독관리센터	062 – 714 – 1233
– 경상북도	
구미중독관리통합지원센터	054 – 474 – 9791

기관명	연락처
포항중독관리통합지원센터	054 – 270 – 4148
– 경상남도	
김해중독관리통합지원센터	055 – 314 – 0317
마산중독관리통합지원센터	055 – 247 – 6994
진주중독관리통합지원센터	055 – 758 – 7801
창원중독관리통합지원센터	055 – 261 – 5011
– 대구	
대구동부중독관리통합지원센터	053 – 957 – 8817
대구서부중독관리통합지원센터	053 – 638 – 8778
– 강원도	
강릉시중독관리통합지원센터	033 – 653 – 9667~8
원주시중독관리통합지원센터	033 – 748 – 5119
춘천시중독관리통합지원센터	033 – 255 – 3482
– 울산	
울산남구중독관리통합지원센터	052 – 275 – 1117
울산중구중독관리통합지원센터	052 – 245 – 9007
– 부산	
부산중독관리통합지원센터	051 – 246 – 7574
부산북구중독관리통합지원센터	051 – 362 – 5482
사상구중독관리통합지원센터	051 – 988 – 1191
해운대중독관리통합지원센터	051 – 545 – 1172
– 제주도	
제주중독관리통합지원센터	064 – 759 – 0911
제주서귀포중독관리통합지원센터	064 – 760 – 6037

범죄 피해 관련 기관

기관	연락처
법무부 인권구조과	02 – 2110 – 3263
대검 피해자인권과	02 – 3480 – 2303~5
검찰청(피해자지원실)	1577 – 2584
범죄피해자지원센터	1577 – 1295
스마일센터	02 – 472 – 1295
대한법률구조공단	132
한국가정법률상담소	1644 – 7077
법률홈닥터	02 – 2110 – 4253
경찰청(피해자지원경찰관)	182
경찰청(피해자보호 담당관실)	02 – 3150 – 2335
〈해바라기센터〉	
– 서울	
서울북부해바라기센터(통합)	02 – 3390 – 4145
서울남부해바라기센터(통합)	02 – 870 – 1700
서울동부해바라기센터	02 – 3400 – 1700
서울해바라기센터(통합)	02 – 3672 – 0365
서울중부해바라기센터(통합)	02 – 2266 – 8276
서울해바라기센터(아동)	02 – 3274 – 1375
– 경기도	
경기북서부해바라기센터(통합)	031 – 816 – 1375
경기서부해바라기센터	031 – 364 – 8117
경기북동부해바라기센터	031 – 874 – 3117
경기해바라기센터(아동)	031 – 708 – 1375
– 인천	
인천해바라기센터(아동)	032 – 423 – 1375
인천동부해바라기센터	032 – 582 – 1170
인천북부해바라기센터	032 – 280 – 5678
– 충청북도	
충북해바라기센터	043 – 272 – 7117
충북해바라기센터(아동)	043 – 857 – 1375
– 충청남도	
충남해바라기센터	041 – 567 – 7117

기관	연락처
– 대전	
대전해바라기센터(통합)	042 – 280 – 8436
– 전라북도	
전북서부해바라기센터	063 – 859 – 1375
전북해바라기센터	063 – 278 – 0117
전북해바라기센터(아동)	063 – 246 – 1375
– 전라남도	
전남서부해바라기센터(통합)	061 – 285 – 1375
전남동부해바라기센터	061 – 727 – 0117
– 광주	
광주해바라기센터	062 – 225 – 3117
광주해바라기센터(아동)	062 – 232 – 1375
– 경상북도	
경북서부해바라기센터	054 – 439 – 9600
경북북부해바라기센터	054 – 843 – 1117
경북동부해바라기센터(통합)	054 – 278 – 1375
– 경상남도	
경남해바라기센터	055 – 245 – 8117
경남해바라기센터(아동)	055 – 754 – 1375
– 대구	
대구해바라기센터	053 – 556 – 8117
대구해바라기센터(아동)	053 – 421 – 1375
– 강원도	
강원동부해바라기센터(통합)	033 – 652 – 9840
강원서부해바라기센터(통합)	033 – 252 – 1375
– 울산	
울산해바라기센터(통합)	052 – 265 – 1375
– 부산	
부산해바라기센터(통합)	051 – 244 – 1375
부산동부해바라기센터	051 – 501 – 9117
– 제주	
제주해바라기센터(통합)	064 – 749 – 5117

기관	연락처	기관	연락처
〈스마일센터〉		(부천시, 김포시)	032-320-4671~2
스마일센터총괄지원단	02-333-1295	수원지역범죄피해자지원센터 (수원시, 용인시, 오산시, 화성시)	031-210-4761, 031-211-0266
서울동부스마일센터	02-473-1295		
서울서부스마일센터	02-332-1295	성남·광주·하남범죄피해자지원센터 (성남시, 광주시, 하남시)	031-715-0090, 031-736-1090
부산스마일센터	051-582-1295		
인천스마일센터	032-433-1295		
광주스마일센터	062-417-1295	여주·이천·양평범죄피해자지원센터 (이천시, 여주시, 양평군)	031-885-1188, 031-880-4510
대구스마일센터	053-745-1295		
대전스마일센터	042-526-1295		
춘천스마일센터	033-255-1295	평택·안성 범죄피해자지원센터 (평택시, 안성시)	031-656-2828, 031-657-2828
전주스마일센터	063-246-1295		
수원스마일센터	031-235-1295		
의정부스마일센터	031-841-1295	안산·시흥·광명범죄피해자지원센터 (안산시, 시흥시, 광명시)	031-475-3310
〈범죄피해자지원센터〉			
한국범죄피해자지원중앙센터 (강남구, 관악구, 동작구, 서초구, 종로구, 중구)	02-534-4901, 1577-1295(전국)		
		안양지역범죄피해자지원센터 (안양시, 과천시, 군포시, 의왕시)	031-387-0050
서울동부범죄피해자지원센터 (강동구, 광진구, 성동구, 송파구)	02-455-4954,5005		
		인천범죄피해자지원센터 (강화군, 계양구, 남구, 동구, 부평구, 서구, 연수구, 옹진군, 중구)	032-868-4999
서울남부범죄피해자지원센터 (강서구, 구로구, 금천구, 양천구, 영등포구)	02-2645-1301, 02-2644-1302		
서울서부범죄피해자지원센터 (마포구, 서대문구, 용산구, 은평구)	02-3270-4504, 4505	춘천지역범죄피해자지원센터 (춘천시, 인제군, 홍천군, 화천군, 양구군)	033-244-0335, 033-240-4505
서울북부범죄피해자지원센터 (강북구, 노원구, 도봉구, 동대문구, 성북구, 중랑구)	02-3399-4776	강릉지역범죄피해자지원센터 (강릉시, 동해시, 삼척시)	033-641-4163, 033-660-4520
		원주·횡성 범죄피해자지원센터 (원주시, 횡성군)	033-742-3100, 033-769-4618
경기북부범죄피해자지원센터 (의정부시, 남양주시, 구리시, 동두천시, 양주시, 포천시, 연천군, 가평군, 철원군)	031-820-4678, 031-873-4678		
		속초지역범죄피해자지원센터 (속초시, 고성군, 양양군)	033-638-1111
고양·파주지역범죄피해자지원센터 (고양시, 파주시)	031-932-8291	영월지역범죄피해자지원센터 (태백시, 영월군, 평창군, 정선군)	033-375-9119
부천·김포범죄피해자지원센터	032-329-2580,	대전범죄피해자지원센터	042-472-0082,

기관	연락처
(대덕구,유성구,동구,서구,중구,세종특별자치시,금산군)	0282
홍성지역범죄피해자지원센터 (보령시,서천군,예산군,홍성군)	041 – 631 – 4915, 041 – 631 – 4911
공주·청양범죄피해자지원센터 (공주시,청양군)	041 – 856 – 2828, 041 – 840 – 4559
논산·부여·계룡범죄피해자지원센터 (논산시,계룡시,부여군)	041 – 745 – 2030
서산지역범죄피해자지원센터 (서산시,당진시,태안군)	041 – 660 – 4377, 041 – 667 – 7731
천안·아산범죄피해자지원센터 (아산시,천안시)	041 – 533 – 6090
청주범죄피해자지원센터 (청주시,청원군,보은군,괴산군,진천군,증평군)	043 – 288 – 0141, 043 – 299 – 4678
충주·음성 범죄피해자지원센터 (충주시,음성군)	043 – 856 – 2526, 043 – 841 – 4699
제천·단양 범죄피해자지원센터 (제천시,단양군)	043 – 643 – 1295, 043 – 648 – 1295
영동·옥천 범죄피해자지원센터 (영동군,옥천군)	043 – 742 – 3800, 043 – 740 – 4579
대구·경북 범죄피해자지원센터 (수성구,북구,중구,남구,동구,경산시,영천시,청도군,칠곡군)	053 – 752 – 4444, 053 – 740 – 4440
대구서부범죄피해자지원센터 (달서구,달성군,서구,성주군,고령군)	053 – 573 – 7400, 053 – 573 – 7401
경북북부범죄피해자지원센터 (안동시,영주시,봉화군)	054 – 854 – 7600, 054 – 852 – 7200
경주범죄피해자지원센터(경	054 – 777 – 1295

기관	연락처
주시)	
포항범죄피해자지원센터 (포항시)	054 – 276 – 8112
김천지역범죄피해자지원센터	054 – 430 – 9091
구미지역범죄피해자지원센터	054 – 462 – 9090
상주·문경·예천범죄피해자지원센터 (상주시,문경시,예천군)	054 – 533 – 6047
의성·군위·청송범죄피해자지원센터 (의성군,군위군,청송군)	054 – 834 – 2820, 054 – 830 – 4548
영덕·울진·영양범죄피해자지원센터 (영덕군 울진군,영양군)	054 – 733 – 9495, 054 – 730 – 4979
부산범죄피해자지원센터 햇살 (금정구,동래구,연제구,부산진구,동구,영도구,중구)	051 – 558 – 8893~4
부산동부범죄피해자지원센터광명 (남구,수영구,해운대구,기장군)	051 – 781 – 1144, 051 – 780 – 4686
부산서부범죄피해자지원센터 (사상구,사하구,북구,강서구,서구)	051 – 205 – 4497
울산범죄피해자지원센터 (남구,동구,북구,울주군,중구, 양산시)	052 – 265 – 9004
경남범죄피해자지원센터 (창원시(성산구, 의창구, 진해구),김해시)	055 – 239 – 4579, 055 – 286 – 8286
진주지역범죄피해자지원센터 ' 등불' (진주시,사천시,남해군,하동군,산청군)	055 – 748 – 1301
통영·거제·고성범죄피해자지원센터 (거제시,통영시,고성군)	055 – 648 – 6200
밀양·창녕 범죄피해자지원	055 – 356 – 8272

기관	연락처
센터 (밀양시,창녕군)	
거창·합천·함양범죄피해자지원센터 (거창군,합천군,함양군)	055 – 945 – 2325
마산·함안·의령범죄피해자지원센디 (창원시마산합포구,함안군, 창원시마산회원구,의령군)	055 – 242 – 6688
광주전남범죄피해자지원센터 (광산구,북구,서구,남구,동구,곡성군,담양군,장성군,영광군,화순군,나주시)	062 – 225 – 4752
〈(사)한국피해자지원협회〉	
(사)한국피해자지원협회 서울서부	02 – 351 – 9926
(사)한국피해자지원협회 서울남부	02 – 782 – 1002
(사)한국피해자지원협회 서울북부	02 – 908 – 0977
(사)한국피해자지원협회 경기동부	031 – 711 – 9278
(사)한국피해자지원협회 경기남부	031 – 211 – 7676
(사)한국피해자지원협회 경기북부	031 – 967 – 3238
(사)한국피해자지원협회 경기북서	031 – 902 – 6480
(사)한국피해자지원협회 인천	032 – 503 – 7179
(사)한국피해자지원협회 충북	043 – 224 – 9517
(사)한국피해자지원협회 충남	041 – 572 – 7004
(사)한국피해자지원협회 전남	061 – 284 – 0075
(사)한국피해자지원협회 전북	063 – 907 – 1112, 063 – 907 – 111

기관	연락처
(사)한국피해자지원협회 대전	042 – 628 – 9517
(사)한국피해자지원협회 강원	033 – 251 – 8840
(사)한국피해자지원협회 대구 경북	053 – 421 – 8117
(사)한국피해자지원협회 경 남울산	055 – 337 – 1525
(사)한국피해자지원협회 부산	051 – 999 – 7612

성폭력 관련 기관

기관명	연락처
〈전국 성폭력 상담소〉	
－ 서울	
한국성폭력상담소	02－338－5801
한국성폭력위기센터	02－883－9284~5
장애여성성폭력상담소	02－3013－1367
한사회장애인성폭력상담소	02－2658－1366
이레성폭력상담소	02－3281－1366
벧엘케어상담소	02－896－0401,08
가족과성건강아동청소년상담소	070－8128－1366
천주교성폭력상담소	02－825－1273
한국성폭력상담소	02－338－2890
한국여성민우회 성폭력상담소	02－739－8858
탁틴내일청소년성폭력상담소	02－338－8043
서울여성장애인성폭력상담소	02－3675－4465~6
한국여성의전화 성폭력상담소	02－3156－5400
꿈누리 여성장애인 상담소	02－902－3356
－ 경기도	
(사)씨알여성회부설 성폭력상담소	031－797－7031
군포여성민우회성폭력상담소	031－397－8149
남양주가정과성상담소	031－558－1366
동두천성폭력상담소	031－861－5555
부천여성의전화부설 성폭력상담	032－328－9713
부천청소년성폭력상담소	031－655－1366
(사)경원사회복지회부설 여성장애인성폭력상담소	031－755－2526
(사)성남여성의전화부설 성폭력상담소	031－751－2050
안산YWCA 여성과 성 상담소	031－413－9414
안양여성의전화부설 성폭력상담소	031－442－5385
연천 행복뜰상담소	031－832－1315
용인성폭력상담소	031－281－1366
의왕장애인성폭력상담센터	031－462－1366

기관명	연락처
의정부장애인성폭력상담소	031－840－9204
파주성폭력상담소'함께'	031－946－2096
평택성폭력상담소	031－658－6614
포천가족성상담센터	031－542－3171
하남YWCA부설 성폭력상담소	031－796－1274
－ 인천	
인구보건복지협회 인천성폭력상담소	032－451－4094
(사)인천장애인지적협회 장애인성폭력상담소	032－424－1366
오내친구장애인성폭력상담소 (장애인)	032－506－5479
－ 충청북도	
제천성폭력상담소	043－652－0049
청주여성의전화 청주성폭력상담소	043－252－0966
청주여성장애인성폭력상담소	043－224－9414
인구보건복지협회부설 청주성폭력상담소	043－264－1366
충주성폭력상담소	043－845－1366
－ 충청남도	
뎀나무상담지원센터	041－852－1950
장애인성폭력아산상담소 (장애인)	041－541－1514
아산가정성상담지원센터	041－546－9181
천안여성의전화부설 성폭력상담소	041－561－0303
(사)충남성폭력상담소	041－564－0026
천안장애인성폭력상담소	041－592－6500
태안군성인권상담센터	041－675－9536
홍성성가정폭력통합상담소	041－634－9949
－ 대전	
동대전장애인성폭력상담소	042－637－1366
대전여성장애인성폭력상담소	042－223－8866

기관명	연락처
대전YWCA 성폭력상담소	042 – 254 – 3038
대전성폭력상담소	042 – 712 – 1367
－ 전라북도	
군산성폭력상담소	063 – 442 – 1570
(사)성폭력예방치료센터 김제지부 성폭력상담소	063 – 546 – 8366
익산성폭력상담소	063 – 834 – 1366
새벽이슬장애인성폭력상담소	063 – 223 – 3015
(사) 성폭력예방치료센터부설 성폭력상담소	063 – 236 – 0152
(사)성폭력예방치료센터 정읍지부 성폭력상담소	063 – 531 – 1366
－ 광주	
인구보건복지협회 광주성폭력상담소	062 – 673 – 1366
광주여성장애인성폭력상담소	062 – 654 – 1366
광주여성민우회 성폭력상담소	062 – 521 – 1361
－ 경상북도	
새경산성폭력상담소	053 – 814 – 1318
경산로뎀성폭력상담소	053 – 853 – 5276
경주다움성폭력상담센터	054 – 777 – 1366
구미여성종합상담소(통합)	054 – 463 – 1386
영남여성장애인성폭력상담소	054 – 443 – 1365
문경열린종합상담소(통합)	054 – 555 – 8207
필그림가정복지상담소(통합)	054 – 534 – 9996
경북여성장애인성폭력상담소	054 – 843 – 1366
(사)칠곡종합상담센터(통합)	054 – 973 – 8290
(사)한마음부설 한마음상담소	054 – 278 – 4330
－ 대구	
(사)대구여성의전화부설 성폭력상담소	053 – 471 – 6484
인구보건복지협회 대구경북지회 성폭력상담소	053 – 566 – 1900
－ 강원도	
동해가정폭력 · 성폭력상담소	033 – 535 – 4943
(사)속초여성인권센터 속초성	033 – 637 – 1988

기관명	연락처
폭력상담소	
영월성폭력상담소	033 – 375 – 1366
아라리가족성상담소	033 – 563 – 8666
－ 울산	
울산장애인인권복지협회부설 울산장애인성폭력상담센터	052 – 246 – 1368
울산성폭력상담소	052 – 245 – 1366
－ 부산	
기장열린성가정상담소	051 – 531 – 1366
부산장애인연대부설 성폭력상담소	051 – 583 – 7735
인구보건복지협회 성폭력상담소	051 – 624 – 5584
다함께 성 · 가정상담센터	051 – 357 – 1377
〈전국 가정폭력상담소〉	
－ 서울	
강서양천가정폭력상담소	02 – 2605 – 8455
월계우리가족상담소	02 – 904 – 0179
동산가정폭력상담소	02 – 599 – 7646
(사)한국여성상담센터	02 – 953 – 1704
잠실가정폭력상담소	02 – 2202 – 7806
남성의전화부설 서울가정폭력상담센터	02 – 2653 – 1366
은평가정폭력상담소	02 – 326 – 1366
한국가정법률상담소 중구지부부설 가정폭력상담소	02 – 2238 – 6551
－ 경기도	
고양YWCA가족사랑상담소	031 – 919 – 4040
광명여성의전화 부설 가정폭력상담소	02 – 2060 – 0245
(사)가화가족상담센터	031 – 551 – 9976
(사)김포여성의전화부설 가정폭력상담소	031 – 986 – 0136
부천가정폭력상담소	032 – 667 – 2314
사단법인 수원여성의전화 부설 성 · 가정폭력통합상담소	031 – 232 – 7795

기관명	연락처
시흥여성의전화부설 가정폭력상담소	031 - 496 - 9391
경기가정폭력상담소	031 - 419 - 1366
안양YWCA가정폭력상담소	031 - 427 - 1366
양주가정폭력상담소	031 - 8647546
양평가정상담소	031 - 775 - 4983
행가래로 의왕가정,성상담소	031 - 459 - 1311
경기북부가정문제상담소	031 - 876 - 7544
이천가정성상담소	031 - 638 - 7200
한국가정법률상담소 평택안성지부부설가정폭력상담소	031 - 611 - 4252
(사)정해복지부설 하남행복한가정상담소	031 - 794 - 4111
ㅡ 인천	
(사)인천내일을여는집 가족상담소	032 - 543 - 7179
중구가정폭력상담소	032 - 761 - 7070
ㅡ 충청북도	
음성가정(성)폭력상담소	043 - 873 - 1330
청주가정법률상담소 부설 가정폭력상담소	043 - 257 - 0088
청주YWCA여성종합상담소	043 - 268 - 3007
충주YWCA가정폭력상담소	043 - 842 - 9888
ㅡ 충청남도	
주시가족상담센터	041 - 854 - 1366
논산YWCA가정폭력상담소	041 - 736 - 8297
대천가족성통합상담센터	041 - 936 - 7941
서산가족상담지원센터	041 - 668 - 8566
가족성장상담소남성의소리	041 - 572 - 0115
ㅡ 대전	
대전가톨릭가정폭력상담소	042 - 636 - 2036
대전열린가정폭력상담소	042 - 625 - 5441
ㅡ 전라북도	
군산여성의전화부설가정폭력상담소	063 - 445 - 2285
남원YWCA가정폭력상담소	063 - 625 - 1318

기관명	연락처
한국가정법률상담소익산지부부설가정폭력상담소	063 - 851 - 5113
익산여성의전화부설가정폭력상담소	063 - 858 - 9191
전주가정폭력상담소	063 - 244 - 0227
전주여성의전화부설 가정폭력상담소	063 - 287 - 7325
정읍가정폭력상담소	063 - 535 - 8223
ㅡ 전라남도	
광양여성상담센터	061 - 761 - 1254
목포여성상담센터	061 - 285 - 1366
무안열린가정상담센터	061 - 454 - 1365
순천여성상담센터	061 - 753 - 9900
여수여성상담센터	061 - 654 - 5211
영광여성상담센터	061 - 352 - 1322
영암행복한가정상담센터	061 - 461 - 1366
함평열린가정상담센터	061 - 324 - 1366
ㅡ 광주	
송광한가족상담센터	062 - 452 - 1366
광주YWCA가정상담센터	062 - 672 - 1355
광주장애인가정상담소	062 - 654 - 0420
광주여성의전화부설 광주여성인권상담소	062 - 363 - 7739
ㅡ 경상북도	
경산가정폭력상담소	053 - 814 - 9191
경주가정폭력상담소	053 - 749 - 1366
상주가정문제상담소	054 - 541 - 6116
안동가정법률상담소부설가정폭력상담소	054 - 856 - 4200
영주소백가정상담센터	054 - 638 - 1366
포항YWCA가정폭력상담소	054 - 277 - 5418
(사)포항여성회부설경북여성통합상담소	054 - 284 - 0404
포항로뎀나무가정문제상담소	054 - 262 - 3554
포항생명의전화부설가정폭력상담소	054 - 242 - 0015

기관명	연락처
- 경상남도	
(사)거제가정상담센터	055 - 633 - 7636
고성가족상담소	055 - 673 - 2911
(사)김해여성회부설 가정폭력상담소	055 - 326 - 6253
양산가족상담센터	055 - 362 - 1366
진주가정폭력상담소	055 - 746 - 7988
마산가정상담센터	055 - 296 - 9126
진해가정상담센터	055 - 551 - 2332
- 대구	
대구여성장애인통합상담소	053 - 637 - 6057, 6058
영남가정폭력상담소	053 - 953 - 2866
대구이주여성상담소	053 - 944 - 2977
대구여성폭력통합상담소	053 - 745 - 4501
- 강원도	
사)강릉여성의전화 부설 해솔상담소	033 - 643 - 1982, 5
강릉가정폭력성폭력상담소	033 - 652 - 9556, 9930
속초YWCA가정폭력상담소	033 - 635 - 3520
원주가정폭력성폭력상담소	033 - 765 - 1366
철원가정폭력상담소	033 - 452 - 1566
춘천가정폭력성폭력상담소	033 - 257 - 4687
태백가정폭력상담소	033 - 554 - 4005
홍천가족상담소	033 - 433 - 1367
행복만들기상담소	033 - 344 - 1366
- 울산	
생명의전화울산지부부설가정·성폭력통합상담소	052 - 265 - 5570
동구가정성폭력통합상담소	052 - 252 - 6778
(사)울산여성회부설북구가정폭력상담소	052 - 287 - 1364
- 부산	
희망의전화 가정폭력상담소	051 - 623 - 1488, 1399

기관명	연락처
(사)부산가정법률상담소 부설 가정폭력관련상담소	051 - 469 - 2987
부산성폭력.가정폭력상담소	051 - 558 - 8833~4
(사)부산여성의전화성·가정폭력상담센터	051 - 817 - 4344
여권문화인권센터 가정폭력상담소	051 - 363 - 3838
사하가정폭력상담소	051 - 205 - 8296
중부산가정폭력상담소	051 - 462 - 7177
〈성매매피해상담소〉	
- 서울	
여성인권상담소 소냐의 집	02 - 474 - 0746
성매매피해상담소 이룸	02 - 953 - 6280
에이레네 상담소	02 - 3394 - 7936
다시함께상담센터	02 - 814 - 3660
여성인권센터 보다	02 - 982 - 0923
십대여성인권센터	02 - 6348 - 1318
- 경기도	
성매매피해상담소 위드어스	031 - 747 - 0117
어깨동무	031 - 222 - 0122
두레방	031 - 841 - 2609
여성인권센터 쉬고	031 - 948 - 8030 031 - 957 - 6117
- 충청북도	
충북여성인권상담소 늘봄	043 - 255 - 8297 043 - 257 - 8297
- 충청남도	
충남여성인권상담센터	041 - 575 - 1366
- 대전	
여성인권지원상담소 느티나무	042 - 223 - 3534
- 전라북도	
현장상담센터	063 - 232 - 8297
- 전라남도	
목포여성인권지원센터	061 - 276 - 8297
순천여성인권지원센터	061 - 753 - 3644, 3654

기관명	연락처
여수여성인권지원센터 새날지기	061 – 662 – 8297
– 광주	
성매매피해상담소 언니네	062 – 232 – 8297
– 경상북도	
경북성매매상담센터 새날	054 – 231 – 1402
– 경상남도	
경남여성인권지원센터	055 – 246 – 8298
여성인권상담소	055 – 273 – 2261
– 대구	
힘내	053 – 422 – 4898 053 – 425 – 4898
민들레	053 – 430 – 6011
– 강원도	
춘천길잡이의 집	033 – 242 – 8296
– 울산	
울산성매매피해상담소	052 – 249 – 8297
– 부산	
여성인권지원센터 살림	051 – 257 – 8297
부산여성지원센터 꿈아리	051 – 816 – 1366 051 – 817 – 8297
– 제주	
제주현장상담센터 해냄	064 – 751 – 8297

현장에서의 위기개입의 실제

1. 가정폭력 위기영역

 가정폭력 위기 개입 사례 영상

갓난아기를 둔 ○○ 씨는 결혼 초기부터 남편의 폭언과 폭행에 시달리고 있다. ○○ 씨의 남편은 평범한 직장인으로 별다른 문제없이 원만한 사회생활을 하고 있지만 집에서는 다른 사람처럼 돌변한다. 더욱이 술을 마시면 폭력적인 행동이 더 심해지며 ○○ 씨에게 요구하는 것들이 늘어나고 사사건건 탐탁지 않아 한다. 남편의 기분에 따라 폭력적인 상황이 일어나니 종잡을 수 없고 ○○ 씨는 늘 불안하다. 몇 번 대들어보기도 했으나 역부족이고 더 난폭해지는 남편 때문에 마음이 아프다. 가출이나 이혼에 대해 생각해봤지만 친정식구들에게 해코지를 할 것 같고 갓난아기와 나가서 살아갈 일이 막막하다. 아이를 아빠 없는 이혼가정에서 자라게 하고 싶지 않고, 무엇보다 남편에게 맞설 용기가 없다. 아이를 위해서라도 어떻게든 남편이 화나는 상황을 만들지 않으려고 노력하며 비위를 맞추고 있다.

그런데 요즘 들어 남편의 폭력이 점점 더 심해지고 아이에게까지 욕을 하고 때릴 듯이 위협을 가한다. ○○ 씨는 자신이 맞는 것은 참겠지만 아이가 이후에 커서까지 위험에 빠지는 것은 참을 수 없다. 남편을 죽이고 싶을 정도로 증오하고 차라리 사고라도 나서 죽어버렸으면 좋겠다는 생각이 든다. 그동안 나만 참으면 되겠거니 했지만 이제는 아이를 위해서라도 어디든 도움을 구해봐야겠다는 마음이고 오늘 남편의 폭행으로 경찰에 신고를 했다.

※ SAFER-R MODEL 개입

안정화 단계(stabilize)

－위기개입자: 안녕하세요, 저는 △△경찰서의 △△경장입니다. 가정폭
　력으로 신고하셔서 왔습니다. 지금 말씀하시기 괜찮으신가요?

－가정폭력피해자: 남편은 어디 있나요?

－위기개입자: 같이 온 경찰이 밖으로 데리고 나갔습니다.

－가정폭력피해자: 네 좀 도와주세요. 너무 힘들어요.

－위기개입자: 네…. 많이 힘들어 보이시네요. 저는 오늘 ○○ 님에게 어
　떤 도움이 필요한지 어떻게 도와드릴 수 있는지 10분에서 15분가량 이
　야기를 나눌 겁니다. 오늘 이야기는 비밀보장 해 드리며, 다만 ○○ 님
　자신이나 다른 사람을 해칠 가능성이 있을 경우, 또는 법적인 문제와
　관련되는 경우는 비밀보장을 해드릴 수 없습니다. 지금 많이 힘들어
　보이시는데 숨을 크게 들이쉬고 내쉬어 보시겠어요?

－가정폭력피해자: (떨리고 불안한 모습으로 숨을 크게 들이쉬고 내쉬
　어 본다)

위기인정 단계(acknowledge the crisis)

－위기개입자: 말씀하시기 괜찮으시면, 어떤 일이 있었는지 이야기해 주
　시겠어요? 충분히 기다릴 수 있으니 천천히 말씀하셔도 됩니다.

－가정폭력피해자: 아까 전화할 때 남편이 갓난아기를 때릴 것처럼 위협
　하고 욕을 하는데 너무나 무서웠어요. 한번씩 이럴 때마다 너무 무섭
　고 어떻게 해야 할지…. 저한테 그러는 건 참고 버텨왔는데 아이가 크
　면 더 할 거잖아요. 아이를 지키고 싶어요.

－위기개입자: 네, 놀라셨겠네요. 다행히 아이에게 물리적인 폭력이 있
　었던 건 아닌 것 같은데 ○○ 님은 어떠세요, 다친 곳이 있으신가요?

－가정폭력피해자: 아까 머리랑 여러 곳을 맞기는 했는데 크게 다친 것

같지는 않아요.

- 위기개입자: 아, 그럼 ◯◯ 님에게 남편의 직접적인 폭력이 있었다는 건데 병원치료가 필요하신가요?

- 가정폭력피해자: 모르겠어요. 아직 정신이 없어서 아픈지도 모르겠어요. 일단 지금 당장 병원에 갈 수는 없어요. 아이도 걱정이 되고.

- 위기개입자: 네…. 남편의 폭력이 있을 때마다 힘드셨을 것 같은데 주변에 도움을 청하거나 피해사실을 이야기해 보신 적 있으세요?

- 가정폭력피해자: 아니요, 그 사람이 나가서는 그렇게 좋은 사람일 수 없어요. 다른 사람들이 내 이야기를 있는 그대로 받아들일까 싶고 내 탓이라고 할 것도 같고. 안 당해 본 사람들이 뭘 알겠어요. 남들한테 이야기하는 게 창피하기도 하고, 남들이 어떻게 생각할까 싶기도 하고…. 걱정하실까 봐 친정에는 말도 못 꺼내죠. 내가 어떻게든 맞추면 나아지겠지 싶기도 했고, 때리고 난 다음에는 미안하다고 사과도 하고 잘해줬거든요.

- 위기개입자: 주로 어떤 상황에서 남편이 폭력을 쓰나요, 그리고 그럴 때 ◯◯ 님은 어떻게 대응하세요?

- 가정폭력피해자: 글쎄요, 어떤 때 그렇다고 딱 말하기 쉬우면 조심하기 쉽겠죠. 잘 모르겠어요. 시도 때도 없이 그런 것 같으니…. (잠시 생각) 생각해 보면, 밖에서 안 좋은 일이 있을 때 더 그런 거 같네요. 들어올 때부터 기분이 안 좋아있거든요. 그럴 때는 더 긴장하고 조심하는데 뭐가 그리 못마땅한지 집이 지저분하다, 국이 짜다, 아이가 징징거린다…. 마치 우리 가족이 남편의 소유물 같아요, 자기 마음대로 해도 되는.

- 위기개입자: 남편의 기분에 따라 좌지우지되는 상황 같네요, 밖에서 스트레스받고 들어오는 날 유독 더 그렇고요. 예측이 어려우니 더 불안하시겠어요. 그럴 때 어떻게 하세요?

- 가정폭력피해자: 예전에는 왜 그러냐고 따지기도 하고 달래도 보고 설득도 해 보고 했죠. 그런데 다 소용없더라고요.

- 위기개입자: 네, 폭력적인 상황을 만들지 않으려고 여러 시도를 해 보시고 애 쓰셨네요. 말씀 들어보니 이런 상황이 꽤 오래 전부터 있었는데 신고는 처음이시네요. 어떤 계기가 있으셨어요?

- 가정폭력피해자: 그동안은 저만 당하면 됐는데 오늘은 애들을 때리려고 하더라고요. 참고 살아보려 했지만, 아이가 위험해지는 건 견딜 수 없어요. 아이가 우는데…. 남편을 죽이고 싶더라고요. 남편이 죽든 내가 죽든 어떤 수를 내야겠다 싶었죠. 그러다 퍼뜩 둘 다 잘못되면 아이는 어떻게 하나싶어 신고한 거예요.

- 위기개입자: 아이가 위험에 처한다는 건 부모로서 엄마로서 참 참기 힘든 상황이죠. 남편에 대한 분노가 크게 느껴지는데, ○○ 님이 죽든 남편이 죽든 하셨어요. 실제 자살생각이나 남편을 죽이고 싶다는 생각을 하셨나요? 만약 그렇다면 구체적인 생각이나 계획을 세운 적은 있으신가요?

- 가정폭력피해자: 막연하게 아까는 너무 화가 나서 그런 생각을 했어요. 실제 구체적인 생각이나 계획은 없어요.

- 위기개입자: 그 정도로 화가 나셨고 아이가 걱정이 되셨던 거네요. 그럼에도 침착하게 신고하신 건 ○○ 님을 위해서도 아이들을 위해서도 판단을 잘하신 것 같습니다.

- 가정폭력피해자: 네, 그런데 어떻게 해야 할지 모르겠어요. 좀 더 참았어야 되나 싶기도 하고 남편이 어떻게 할까 걱정도 되고 괜히 긁어 부스럼 만든 건 아닌지 모르겠어요.

- 위기개입자: 네, 가정폭력을 당하는 많은 분들이 자신이 너무 무기력하다는 느낌을 갖거나 그러다 보면 우울해지기도 한다고 합니다. 아무것도 할 수 없고 벗어날 수도 없을 것 같아 절망스럽기도 하죠.

- 가정폭력피해자: 네, 뭐가 달라질까 싶기도 해요. 남편 화만 더 돋운 건 아닌가 싶고.

이해촉진하기 단계(facilitate understanding)

– 위기개입자: 네, 그렇죠, 걱정되실 것 같아요. ○○ 님이 경험하는 이런 증상들이 일반적이고 정상적인 반응들이라고 생각돼요. 더욱이 자녀들이 위험한 상황에 놓이니 화도 많이 나고 또 두렵기도 하실 것 같습니다. 좀 더 이야기 나누고 싶은데 괜찮으실까요?

– 가정폭력피해자: 네, 괜찮아요.

효과적인 대처권장하기 단계(encourage effective coping)

– 위기개입자: ○○ 님의 말씀을 듣다보니, 아이들을 위해서 참고 사셨다고 하는데 맞나요?

– 가정폭력피해자: 네, 남편이 원망스럽고 없어졌으면 좋겠다고 생각하지만 사실 남편과 헤어질 용기는 없어요. 헤어지자고 하거나 제가 가출하면 친정에도 해코지 할 것 같고, 아이가 이혼 가정에서 키우고 싶지 않아요, 남편이 양육권을 줄지도 모르는 일이고. 그리고 제가 경제력이 없어요, 당장 할 수 있는 일이 없고 가진 돈이 있는 것도 아니고 막막하기만 해요. 남편이 좋아졌으면 하는데….

– 위기개입자: 네, 여러 가지 현실적인 문제들 때문에 당장 남편과 이혼을 생각하지는 않고 계시는 것 같은데 맞나요? (네) 그러면 우리가 남편의 폭력으로부터 보호받을 수 있는 방법들을 좀 논의해 봐야겠어요, 괜찮을까요? (네) 이전에 남편의 폭력에서 벗어나기 위해 ○○ 님이 어떤 것을 시도해 보셨어요?

– 가정폭력피해자: 기분 나빠 보이면 조심하고 저도 최대한 비위를 맞춰주죠. 아이랑 잠깐 나갔다 오기도 하고, 그런데 늘 불안해요. 욕을 한다거나 물건을 던지면 그냥 참았고, 때릴 때는 빌어보기도 하고 그랬어요.

– 위기개입자: 네 그러셨군요. 그러면 어떤 반응이나 대응을 했을 때 남편의 폭력이 줄거나 중단된 적이 있었는지 또는 더 심해졌던 경험이

있는지 생각하실 수 있으세요?

- 가정폭력피해자: 남편의 말이 부당하다고 생각돼서 따진 적이 있어요, 그때 구타가 심해지더라고요. 그 뒤로는 무섭기도 하고 빨리 그 상황이 끝났으면 해서 그냥 참게 돼요.

- 위기개입자: 네, 이후에도 오늘과 유사한 상황이 벌어질 수 있는데 그때 가장 중요한 것은 ◯◯ 님과 아이의 안전입니다. 주변에 알려서 필요할 때 도움을 받을 수 있도록 하는 것이 ◯◯ 님과 아이를 보호하는 일이며, 남편이 주변을 의식하게 되면 폭력적인 행동을 다소 억제할 수 있도록 할 것 같습니다. 폭력적인 상황이 일어날 것 같으면 남편을 자극하거나 맞서는 상황은 우선 피하시고 주변에 도움을 요청하셨으면 합니다. 그리고 만약을 대비해 피해사실을 남기는 것이 좋은데 오늘처럼 저희에게 신고하시는 것도 방법 입니다.

- 가정폭력피해자: 주변에 말해 본적이 없는데 노력해 볼게요.

- 위기개입자: ◯◯ 님이 지금 힘든 부분을 좀 줄이기 위해 어떤 도움이 필요하신가요?

- 가정폭력피해자: 남편을 좀 진정시켰으면 좋겠고, 아이와 제가 쉴 공간이 필요해요. 그동안 남편이 없었으면 좋겠어요.

회복/의뢰 단계(recovery / referral)

- 위기개입자: 네, 남편과 이야기를 해 보도록 하겠습니다. 힘들고 지쳐 계실 텐데 이렇게 이야기해 주셔서 감사합니다. 저와 이야기 나눈 지금 좀 어떠신지, 궁금하거나 더 하고 싶은 이야기가 있으신가요?

- 가정폭력피해자: 와주셔서 감사해요. 별 기대를 안 했는데…. 이런 상황에 대해 처음 이야기해봤어요. 생각보다 좀 안정이 되고 이혼하지 않는 이상 아무런 변화도 도움도 받을 수 없다고 생각했는데 현실적으로 내가 어떻게 행동하는 것이 좋을까 구체적인 생각을 해 봤어요.

- 위기개입자: 네, 바로 보셨어요. 어려운 상황에 매몰돼 있을 때 우리는 좀 더 현실적인 대처가 어려울 수 있습니다. 오늘 저와 여러 이야기를

나누시며 그런 혼란스러운 것들이 정리 되고 좀 더 나은 대처방법을 마련할 수 있도록 돕고 싶었습니다. 다른 도움이 필요하시면 원하시는 도움을 받으실 수 있도록 하겠습니다.

2. 아동성폭력 위기영역

 아동성폭력 위기 개입 사례 영상(피해자 어머니)

 아동성폭력 위기 개입 사례 영상(피해자)

◇◇ 씨는 요즘 7살 자녀 ○○의 행동변화에 마음이 쓰인다. 밤에 자다 깨서 우는 날이 종종 있고, 짜증을 자주 낸다. 유치원에서 무슨 일이 있었는지 문의해 봤지만 평소와 다름없었다는 답을 들었다. 크는 과정에 좀 예민해졌나 싶어 시간이 지나면 괜찮아질 거라고 여겼다. 그러나 남자의 성기가 두드러진 아이의 그림을 보고 어떤 일이 일어난 것이고 도움이 필요하다는 사실을 인식하게 됐다. ○○를 통해, 그림 속의 사람이 ◇◇ 씨도 잘 아는 주변 사람 △△라는 것과 아이에게 자신의 성기를 보여주고 만지도록 했다는 것을 알게 됐다. 그 사람을 죽이고 싶을 만큼 화가 나고 아이가 받았을 상처를 생각하면 강한 처벌을 받게 하고 싶다.

※ SAFER-R MODEL 개입

《부모개입》

안정화 단계(stabilize)

- 위기개입자: 안녕하세요. 어머니, 저는 위기개입팀의 □□□이라고 합니다. 저는 오늘 ○○와 어머니를 돕기 위해 노력할 것이고 그 과정은 10분에서 15분가량이 될 것입니다. 마음을 좀 가라앉히기 위한 차나 물이 필요하시면 드릴까요? (네, 감사합니다) 여기서 나눈 이야기는 비밀보장이 원칙입니다. 그렇지만 자신이나 다른 사람을 해칠 위험이 있거나 법과 관련된 사항은 비밀보장 원칙에서 제외사항입니다. 괜찮으시겠어요? (네) 네.

위기인정 단계(acknowledge the crisis)

- 위기개입자: 지금 어머니가 어떤 어려움을 겪고 계신지 말씀해 주실 수 있으신가요?
- 아동성폭력피해자 보호자: 아이가 얼마 전부터 좀 예민해진 거 같고 짜증을 자주 내서 알아봤더니 △△가 ○○에게 이상한 짓을 시켰더라고요. △△는 주변 사람이거든요. 화가 많이 나고 아이가 그런 일을 당하는 동안 제가 몰랐다는 사실이 너무 후회돼요. 글쎄 △△가 ○○에게 자기 성기를 보여주고 만지게 했다는 거예요. 아이는 아무것도 모르고 △△에 대한 경계 없이 하라는 대로 한 거죠.
- 위기개입자: 그런 일이 언제부터 있었는지 혹은 얼마나 지속됐는지 알고 계신가요?
- 아동성폭력피해자 보호자: 확실하지는 않지만, △△가 근처로 이사하면서 그 집에 가서 놀다오는 날이 있었는데 그때부터 같아요. 이사 온 게 한 3개월 전이고, 아이 말로는 두 번 정도 그런 일이 있었던 것 같아요.

- 위기개입자: 아…. 네, 그렇군요. 이번 일로 ○○에게 어떤 반응을 보이셨는지 어떤 마음이신지 말씀해 주시겠어요?
- 아동성폭력피해자 보호자: 아이가 집에 놀러갈 정도로 친하게 지내던 사람이고 믿었던 사람인데 어떻게 이런 일이 내 아이에게 생겼는지 당황스럽고 화가 치밀어요. 아이에게는 내색하지 않으려고 노력하고 위로한다고 했는데 어떻게 했는지도 모르겠어요. 가만히 있다가도 문득 생각나고 그 사람한테 화가 나서 미치겠어요.
- 위기개입자: 네, 그럼요 화가 나고 당황스러우시죠. 이 일에 대해 남편도 알고 계신가요?
- 아동성폭력피해자 보호자: 네, 남편도 알고 있고 저보다 훨씬 더 화가 난 상황이고 분노를 느끼죠. 우리 아이에게 이런 일이 생길 거라고 생각이나 했겠어요. 남편이 그 사람을 찾아가기라도 할까 봐 그래서 무슨 일이 벌어질까 걱정되기도 해요.
- 위기개입자: 예쁘고 행복하게만 키우고 싶은 게 부모의 마음이죠. 이런 일이 생겨 분노를 느낀다고 하셨는데, 무슨 일이 벌어질까 봐 걱정되기도 한다고 하셨고요. 남편이나 어머니께서 혹시 그 사람을 해칠 생각이나 계획을 갖고 계신가요?
- 아동성폭력피해자 보호자: 아뇨, 구체적인 생각은 안 해봤어요. 그만큼 화가 난다는 거죠.

이해촉진하기 단계(facilitate understanding)

- 위기개입자: 자녀에게 이런 일이 생기면 부모님은 혼란스럽고 가해자에게 복수하고 싶거나 울분이 쌓인다고 합니다. 아이를 제대로 보호하지 못 했다는 후회와 다른 사람들이 알게 되고 수근 거릴까봐 쉬쉬하기도 하고요. 많은 사람이 어머니의 지금 정서 상태와 비슷한 증상들을 보인다고 하는데 대부분 정상적인 반응들로 보입니다.
- 아동성폭력피해자 보호자: 네, 아이에게는 괜찮다고 하면서도 아직 저

와 남편의 마음에서는 괴로움이 큰 거 같아요.

효과적인 대처권장하기 단계(encourage effective coping)

- 위기개입자: 아이의 잘못도 부모님의 잘못도 아니니 너무 괴로워하거
나 자책하지 않으셨으면 합니다. 지금 어머니가 가장 힘들고 어려운
부분이 어떤 것인지 말씀해 주시겠어요?
- 아동성폭력피해자 보호자: 아이가 겪은 상처가 가장 걱정이고, 그 사
람을 어떻게 하면 처벌받게 할지 궁금하죠.
- 위기개입자: 네, 그렇죠. 아이가 어떤 상처를 얼마만큼 받았을지 우리
가 잘 모르니 더 큰 걱정을 하게 됩니다. 그런데 아이들이 성폭력 피해
를 받았을 때 보호자나 주변 사람들이 어떤 반응을 보이느냐가 아이의
회복에 가장 중요한 영향을 미친다고 합니다.
- 아동성폭력피해자 보호자: 아 네….
- 위기개입자: 어머니도 지금 힘든 상황에 계신데, 사건을 덮거나 회피
하지 않고 적극적으로 대처하신 건 옳은 결정이고 그 점에 있어서 감
사드립니다. 조급하게 생각하지 마시고 아이의 상태에 맞춰 꾸준하게
관심 가지고 사랑을 표현하시면 아이와 가족의 상처가 아물 거라고 생
각됩니다.
- 아동성폭력피해자 보호자: 그렇게 됐으면 좋겠어요.
- 위기개입자: 어머니와 남편의 경우에는 이 일로 화가 나시거나 할 때
어떤 방법으로 해결을 하시나요?
- 아동성폭력피해자 보호자: 둘이 이야기를 해요. 화가 나서 그 사람에
대한 분노를 쏟아내죠. 그리고 아이에게 어떤 태도를 보여야할지 고민
하고 의논하면 좀 나아지는 것 같아요.

회복/의뢰 단계(recovery / referral)

- 위기개입자: 네, 두 분이 함께 이야기 하고 해결방법을 찾아가는 것도

좋은 시도네요. 아이에 대한 염려와 어머니 마음도 힘드신데 이렇게 용기 내 주셔서 감사드립니다. 오늘 개입 후 ◯◯의 상태에 어떤 변화가 있을 거라고 생각되시나요?

– 아동성폭력피해자 보호자: 잘 모르겠지만, 아이가 그 사건에 대해 이야기하는 거나 태도가 편안해 보였어요.

– 위기개입자: 네 그렇게 느끼셨군요. 다행이네요. 어머니는 좀 어떠신가요?

– 아동성폭력피해자 보호자: 다른 사람에게 이야기하게 될 줄 몰랐는데, 위로받은 거 같고 의지가 됐어요.

– 위기개입자: 궁금하거나 더 이야기 하고 싶은 부분이 있으세요? (아니요, 없어요) 원하시면 지속적인 도움을 받을 수 있도록 전문기관에 의뢰해 드리겠습니다. 그 곳에서 가해자에 대한 처벌이나 ◯◯와 가족을 위해 좀 더 전문적인 도움을 받으실 수 있을 겁니다.

《아동 개입》

안정화 단계(stabilize)

– 위기개입자: 안녕, 이름이 뭐야? (◯◯요) 아, ◯◯구나 반가워. 나는 □□□선생님이야. 지금 ◯◯ 기분이 어때? 오늘 선생님이 ◯◯하고 이야기도 하고 그림도 그리고 싶은데 괜찮겠어?

– 아동성폭력피해자: 네, 그런데 무슨 그림 그려요?

위기인정 단계(acknowledge the crisis)

– 위기개입자: 아 그래, 고마워. 그림은 ◯◯가 그리고 싶은 사람이나 나무 꽃 집 같은 걸 그릴 거야. 언제 할 수 있겠어? 우리 이야기하면서 우유랑 과자 먹을까? (네) ◯◯야 이 과자 마음에 들어? (네) 우리 이 종이에다가 아까 말한 것처럼 사람이랑 나무랑 꽃, 집 같은…. ◯◯가 그리고 싶은 거 그려볼까? (네) 와, ◯◯는 그림을 이렇게 그리는구나,

잘 그렸는데! (그림을 보며) 이 사람은 누구야? (아빠, 엄마) 아, 그렇구나. △△도 있네, △△는 언제 봤는지 기억할 수 있어?

– 아동성폭력피해자: 몰라요. 저번에 봤는데 △△집에 놀러갔었어요.

– 위기개입자: 아 그랬구나, △△집에 놀러가서 뭐하고 놀았을까? 어떤 일이 있었는지 선생님한테 이야기해 줄 수 있겠어?

– 아동성폭력피해자: 예쁘다고 했어요. (그림에서 △△의 성기부분을 가리키며) 여기 만져보라고 해서 싫다고 했는데 억지로 막 만지게 했어요.

– 위기개입자: ○○에게 예쁜 아이라고 하면서 여기를 만져보라고 했구나. 싫다고 했는데 억지로 만지게 해서 ○○ 기분이 안 좋았고 속상했겠다. (네) 많이 속상했는데 엄마나 다른 사람에게 왜 말하지 못했어?

– 아동성폭력피해자: 엄마가 알면 화내고 속상해한다고 말하지 말라고 했어요. 약속도 했는데.

– 위기개입자: ○○가 하기 싫은 일을 억지로 시켜서 힘들었는데 ○○는 △△가 어때?

– 아동성폭력피해자: 엄마는 △△가 나쁘다고 했어요. 그런데 잘 모르겠어요.

이해촉진하기 단계(facilitate understanding)

– 위기개입자: ○○는 △△가 나쁜 사람인지 아닌지 잘 모르겠다고 하는 것 같은데 선생님 말이 맞아? (네, 어떨 때는 친절해요) 아, 그래서 ○○ 마음이 힘들구나. 나쁜 사람 같기도 하고 친절하고 좋은 사람 같기도 해서 ○○ 마음이 힘들었겠다.

– 아동성폭력피해자: 엄마가 그러는데 잠 잘 때 깨서 무섭다고 운데요.

– 위기개입자: 음, ○○가 자다 깨서 울기도 하고 그러나보다. 그래 선생님이 생각해도 그럴 것 같아. 우리 ○○가 잘못한 건 없는데 힘들다 그렇지? (네) ○○야 잘 때 무서워서 깨고 울잖아, 그래도 괜찮아. ○○의 잘못은 아니야. 또 힘들고 속상한 거 있을까?

– 아동성폭력피해자: 모르겠어요. 그냥 짜증이 나요.

효과적인 대처권장하기 단계(encourage effective coping)

– 위기개입자: 그래, 요즘 ○○가 좀 속상하고 짜증도 나고 힘들었잖아. 그럴 때 ○○는 어떻게 해?

– 아동싱폭력피해자: 장난감 가지고 놀아요.

– 위기개입자: 그러면 기분이 좀 풀려? (네) 아 그러면 좀 괜찮아지는구나. 또 다른 건 어떤 게 있을까?

– 아동성폭력피해자: 엄마가 안아줄 때도 좋아요, △△가 잘못한 거라고 괜찮다고 했어요. 유치원에서 친구들이랑 스티커 놀이하는 것도 재미있고.

– 위기개입자: 아 그래? 엄마가 안아주시고 위로도 해주셔서 ○○ 기분이 좋아졌구나. 스티커 놀이는 재미있겠는데 선생님도 해봐야겠다. 가르쳐줘서 고마워. (네) 그런데 ○○야, ○○가 요즘 △△ 때문에 힘들었잖아, 다음에 △△나 다른 사람이 둘이만 같이 있자고 하면 어떻게 해야 할까?

– 아동성폭력피해자: 엄마가 조심해야 한다고 절대 같이 가면 안 된대요.

회복/의뢰 단계(recovery / referral)

– 위기개입자: 아 그랬구나. 만약에 저번처럼 그런 일이 있으면 엄마나 선생님에게 지금처럼 말해줬으면 좋겠는데 어때 할 수 있겠어? (네) 그래 고마워. ○○야 오늘 선생님하고 이야기해 줘서 고마워. 지금 좀 어때, 지금도 많이 속상하고 짜증나고 그래? (아니요, 괜찮아요) 선생님한테 궁금한 거 있어? 더 하고 싶은 이야기는?

– 아동성폭력피해자: 없어요. 집에 가고 싶어요.

저자 소개

육성필
고려대학교에서 심리학 석사를 마치고, 서울대학교병원 정신과에서 임상심리학 레지던트과정을 수료한 뒤 고려대학교에서 심리학박사를 받았다. 미국 로체스터대학교의 자살예방연구소에서 펠로우과정을 하였다. 서울상담심리대학원대학교 교수로 재직 중이다.

임영진
서울상담심리대학원대학교(구 용문상담심리대학원대학교) 위기관리전공 석사를 졸업한 후 동대학원대학교의 위기관리전공 박사를 수료하였으며 현재 수원시장애인가족지원센터의 상담사로 근무하고 있다.

이지원
서울상담심리대학원대학교(구 용문상담심리대학원대학교)에서 위기관리전공 석사를 졸업하였다. 현재 한국양성평등교육진흥원 전문강사 및 국방부 병영생활전문상담관으로 재직 중이다.

위기관리총서 시리즈 5 — 현장에서의 위기개입워크북

가정폭력 · 성폭력의 이해와 개입

초판발행	2019년 2월 25일
중판발행	2022년 9월 10일

지은이	육성필 · 임영진 · 이지원
펴낸이	노 현

편 집	김명희 · 강민정
기획/마케팅	노 현
표지디자인	조아라
제 작	고철민 · 조영환

펴낸곳	㈜ 피와이메이트
	서울특별시 금천구 가산디지털2로 53 한라시그마밸리 210호(가산동)
	등록 2014. 2. 12. 제2018-000080호
전 화	02)733-6771
f a x	02)736-4818
e-mail	pys@pybook.co.kr
homepage	www.pybook.co.kr
I S B N	979-11-89643-28-7 94370
	979-11-89643-27-0 94370(세트)

정 가   11,000원

박영스토리는 박영사와 함께하는 브랜드입니다.